나는 균형 있게 살기로
결심했다

나를 행복하게 하는 균형의 힘

이현주 지음

나는 균형있게
살기로 결심했다

메이트북스

메이트북스 우리는 책이 독자를 위한 것임을 잊지 않는다.
우리는 독자의 꿈을 사랑하고,
그 꿈이 실현될 수 있는 도구를 세상에 내놓는다.

나는 균형 있게 살기로 결심했다

초판 1쇄 발행 2021년 4월 22일 | **지은이** 이현주
펴낸곳 ㈜원앤원콘텐츠그룹 | **펴낸이** 강현규 · 정영훈
책임편집 오희라 | **편집** 안정연 · 유지윤 | **디자인** 최정아
마케팅 김형진 · 이강희 · 차승환 | **경영지원** 최향숙 · 이혜지 | **홍보** 이선미 · 정채훈
등록번호 제301-2006-001호 | **등록일자** 2013년 5월 24일
주소 04607 서울시 중구 다산로 139 랜더스빌딩 5층 | **전화** (02)2234-7117
팩스 (02)2234-1086 | **홈페이지** blog.naver.com/1n1media | **이메일** khg0109@hanmail.net
값 15,000원 | **ISBN** 979-11-6002-328-2 03190

만일 당신이 현재 상태를 변화시키고자 한다면
제일 먼저 해야 할 일은
자신이 현재 어떤 상태에 있는지를 아는 것이다.

• 조셉 오코너(세계적인 경영코치이자 컨설턴트) •

균형이 우리 삶에 주는 선물

저는 자전거를 탈 줄 모릅니다. 자동차는 운전하면서 자전거를 왜 못 타느냐고 놀림을 종종 받지만, 네 바퀴로 가는 자동차에 비해서 두 바퀴로 서서 가는 자전거는 제게 매우 불완전하고 불안해 보입니다. 몇 번 배워보려고 시도해봤지만, 다리에 멍만 남기고 포기해버리곤 했습니다.

자전거가 넘어지지 않고 가려면 기울어지는 쪽으로 핸들을 기울이라고 합니다. 넘어지는 쪽으로 기울여야 하는데, 두려움에 반대쪽으로 핸들을 꺾으면 넘어지고 맙니다. 기울어지는 반대 방향으로 몸을 트는 방식에 익숙해져 있는지라 기울어지는 쪽으로 핸들을 움직이는 게 잘 되지 않습니다. 가르쳐주는 사람이 뒤에서 방향을 틀라고 소리를 질러도 잘 들리지 않고, 두려운 마음이 커져서 익숙한 습관이 더 먼저 튀어나옵니다.

삶도 자전거타기와 닮은 점이 있습니다. 자전거가 쓰러지지 않도록 몸을 조금씩 기울여 균형을 잡아가는 것처럼, 삶도 상황에 맞게 중심점을 조금씩 옮겨가며 균형을 유지해야 쓰러지지 않을 수 있습니다.

제가 자전거를 타지 못하고 넘어지는 것은 몸에 익었던 습관대로 움직여서 다시 균형을 잡는 것을 실패하기 때문입니다. 오랜 시간 몸에 익은 걷기 방식을 고집하게 되면 자전거 타기를 배우지 못합니다.

직장 상담센터에서 만나는 내담자들은 사회적인 적응에 어느 정도 성공한 사람들입니다. 지금 어떤 심리적 어려움을 경험하고 있다고 해도, 지금까지 적응해온 과정을 보면 충분한 교육을 받았고, 제법 규모가 있고 복지가 좋은 직장을 다니고 있습니다. 지금 상담센터를 찾은 어떤 어려움, 예를 들면 직장에서 인정받지 못하거나 대인관계에서 갈등을 겪고 있기는 하지만, 현재 자리에 오기까지 나름대로 노력해왔고 긍정적인 결과를 얻었습니다.

현재 문제의 원인이 무엇인지 탐색하다 보면, '나는 변한 것이 없는데, 예전과 동일하게 행동하는데 왜 지금은 힘든 걸까' 하는 의문을 갖습니다. 그런데 문제의 원인은 동일하게 행동하려 한다는 데 있습니다. 달라진 상황의 요구를 반영하지 않고 이전에 효과적이었던 방식을 그대로 유지하는 것입니다. 나에게 근본적인 문제가 있기 때문이 아니라, 동일한 방식이 현재 처한 상황에 적합하지 않을 뿐입니다.

한 자세를 유지하면 근육통이 오는 것처럼, 경직된 마음의 습관도 내 건강을 해칩니다. 적응에 성공하고 건강을 유지하기 위해서는 상황에 맞게 자세를 바꿀 줄 아는 유연함이 필요합니다.

그런데 익숙한 습관을 벗어나서 새로운 방식을 시도하는 것은 쉽지 않습니다. 특히 지금 갈등 상황에 놓여 있으면 더욱 그렇습니다. 지치고 힘든 상황에 놓이면 본인이 가장 편하고 익숙한 방식이 튀어나오기 때문입니다. 그래서 습관을 바꾸려면 주의를 기울여서 의식적인 노력과 훈련을 해야 합니다.

가끔 자전거 타기가 성공하는 날이 있습니다. 정신을 바짝 차리고 집중을 하면 넘어지지 않고 동네 공터를 반쯤 가로질러 갑니다. 하지만 한동안 타지 않다가 기회가 닿아서 다시 타보려고 하면 균형을 잡는 데 실패합니다. 운동능력이 뛰어난 것도 아니니 꾸준하게 연습해야 했는데, 그렇지 못했으니 처음부터 다시 시작하는 셈입니다.

감이 잡혔을 때 잊지 않도록 반복해서 연습해야 새로운 기술이 몸에 익습니다. 처음엔 어색하지만 횟수를 반복할수록 새로운 방식은 몸에 익어서 자연스러워집니다. 몸에 충분히 익게 되면 삶의 장면에 사용할 수 있는 새로운 기술이 하나 추가되는 셈입니다.

오랫동안 여러 내담자들을 만나면서 한 번쯤 균형을 잡아가는 것이 왜 중요한지에 대해서 얘기해보고 싶었습니다. 상황과 역할은 계속 변화하며, 거기에 맞추어 균형을 유지해가야 안정적으로 삶을 운용해갈 수 있습니다. 삶의 변화에 자신을 맞추어나가는 도전을 맞이했던 사례를 통해 일상에서 균형의 재조정이 필요한 시점에 대해서 살펴보려고 합니다.

이 책을 통해 지금까지 중요하게 여겨왔던 가치를 인정하면서 동시에 그것들의 상대적 비중을 유연하게 조절하는 데 관심을 가졌으면 합니다.

이현주

<< 차례 >>

균형 맞추기, "균형을 찾아가는 중입니다"

─────────── 마음이 심란하고, 늘 하던 일에 집중이 되지 않고, 사소
한 일에도 불끈불끈 화가 나고, '내가 과연 제대로 잘 살고 있는 건가' 하
는 난데없는 의구심이 드나요? 몸이 어떤 문제 증상을 나타내듯이 마음
이 무언가 균형이 맞지 않고 있음을 알려주는 증상들이라고 할 수 있습
니다.

균형을 유지하는 비결 중의 하나는 마음이 보내는 신호를 알아차리는
것입니다. 정기적인 건강검진을 해서 몸이 보내는 신호를 찾아 큰 병을
예방하는 것처럼 '조짐들이 있을 때 그것을 얼마나 잘 알아차리는지'가
문제를 크게 만들지 않는 비결입니다.

1장

마음이 보내는 알람,
"균형을
맞출 시간입니다"

자꾸 일이 꼬일 때,
"왜 예전의 방법이 안 통할까요?"

무언가 일이 꼬인다면, 지금 하고 있는 방식이 환경과 무언가 맞지 않음을 알려주는 것입니다. 효과적이고 성공적이었던 방식이 더 이상 그렇지 않다면, 균형의 조정이 필요함을 알려주는 신호입니다.

주말과 야근 근무를 하면서도 주어진 업무를 군소리 없이 다 해내던 A씨는 갑자기 심장이 뛰어서 출근을 할 수가 없게 되었습니다. 정신과 의사는 '번아웃 증후군'이라고 진단했고, 불안 증상을 진정시키는 약을 처방했습니다. 그는 지금까지 미련하게 일했던 자신을 원망하고, 놀 줄 모르는 자신이 잘못 산 것 같다며 지난 시절을 후회했습니다.

하지만 성실하고 책임감 있는 태도는 결코 그릇된 것이 아니고, 가치가 없는 것이 아닙니다. 자신의 모습을 원망하고 폄하하는 것은 지금의 나를 더 괴롭게 만들 뿐입니다. 몸과 마음이 지쳐서 쓰러질 때까지 그 경고신호를 알아차리지 못하고, 그 방법을 우직하게 몰아붙였던 것이 병을 만들었을 것입니다.

마음이 힘들어지면 내가 지금까지 살아온 방식을 후회하고, 문제점을 찾습니다. 내가 잘못 살아온 거 같다고, 이렇게 해왔기 때문에 내가 지금 마음이 힘들고 주변 사람들과 힘들어졌다고 후회하면서 지난 시절의 자기 모습을 책망합니다.

그런데 지금까지 지내온 방식이 과연 잘못되기만 한 것일까요? 아닙니다. 그것이 아무 가치가 없었다면 지금까지 그 방식을 지속해왔을 리가 없습니다. 정확하게 말하면, 그 방식 자체가 문제가 아니라 상황의 변화에 관계없이 그 방식을 고수했다는 점이 문제입니다.

상담을 찾아와서 후회하고 반성하는 각자의 모습은 다른 관점에서 보면 강점입니다. 한때는 그 모습 때문에 주변에서 인정받았기에 스스로 뿌듯했고, 그 모습에 이르기 위해서 노력했습니다. 문제는 그 모습을 다양한 여러 주변 상황과 자신의 컨디션에 맞추어서 유연하게 조절하지 못했던 것입니다.

바람직하고 타당하다고 교육받고 습관화되어온 가치와 행동이라고 해도 주어진 상황이나 내 안의 다른 욕구와 균형을 이루지 못하면 자신의 행복이나 성장에 도움이 되지 않을 수도 있습니다. 좋은 약도 과하면 독이 될 수 있듯이 바람직한 가치와 습관이라고 해도 지나치면 해가 될 수 있습니다. 사회에 성공적으로 적응하고 건강해지기 위해서 습득한 가치들이 내 안에서, 그리고 환경과 균형을 이루지 못하면 오히려 심리적 건강과 적응을 해치기도 하는 것입니다.

삶의 평형이 맞지 않을 때

늘 하던 그대로 하고 있는데 일이 제대로 되어가지 않는다면 나의 방식과 환경과의 균형을 점검해봐야 할 때입니다. 아무리 좋은 연장이라고 해도 제 용도로 쓰이지 않으면 효과가 없듯이, 이전에 성공적이었던 방식이라고 해서 언제나 항상 그런 것은 아닙니다.

#1. "학창시절 모두 주목하는 우수한 학생이었고, 기대에 부응해 명문대에 진학했습니다. 우수한 성적으로 대학원을 마치고 기업에 들어왔는데, 문제는 상사가 지도교수만큼 제 능력을 인정해주지 않

는다는 것입니다. 학교 다닐 때처럼 회사에서도 열심히 하고 있는데 도대체 왜 여기서는 좋은 평가를 하지 않는 걸까요? 학교에서 인정받던 그 모습에서 달라지지 않았는데, 왜 상사는 나를 인정해주지 않는 걸까요?"

#2. "요즘 이전만큼 일에 집중이 되지 않습니다. 신상품 출시를 앞두고 바빠져서 야근이 많았고, 주말에도 회사에 나왔습니다. 어쩔 수 없이 출근을 하기는 했지만, 주말에는 아이들과 보내야 하는데 아내와 아이들에게 미안한 마음에 마음이 무겁습니다. 몸이 피곤해서 쉬고 싶은 마음이 간절하지만 아빠 노릇도 중요하고 일도 중요하니 쉴 수는 없습니다."

#3. "요즘 자꾸 업무에 실수가 생깁니다. 사업이 잘 되면서 회사가 급격하게 성장했고, 덩달아 담당하던 팀의 인원도 두 배 가까이 늘어났습니다. 이전에 하던 방식대로 팀원을 관리하고 피드백을 주려고 하는데, 팀원이 많아지다 보니 여력이 충분하지 않습니다. 어떻게든 모든 팀원들을 공평하게 챙기려고 하는데, 시간과 에너지가 달리다 보니 놓치는 부분이 자꾸 생기는 것 같습니다."

일이 잘 되어가지 않으면 보통 자신의 태도를 점검하게 됩니다. 성실하지 못했던 것이 아닌가, 마음이 해이해진 것은 아닌가를 돌이켜보고 마음을 다잡고 열의를 높이려고 노력합니다.

그런데 돌이켜봐도 열의는 문제없고 여전히 열심히 하고 있음에도 불구하고 결과가 그전만 같지 못할 때가 있습니다. 평소와 다름없이 열심히 하는데 이전에 효과적이던 방법이 더 이상 그렇지 않다면, 이제 평형이 맞지 않음을 의미합니다.

나는 그대로인데 결과가 꼬인다면, 환경의 변화를 살펴볼 필요가 있습니다. 어떤 환경에서는 효과적이던 방식이 다른 환경에서는 그렇지 않을 수 있기 때문입니다.

예컨대 성공적인 학업방식과 업무방식은 다를 수 있습니다. 학문적으로는 지속적으로 질문하고 의문을 가지고 더 좋은 답을 찾기 위해서 시간을 가지는 것이 바람직합니다. 하지만 실제 업무 장면에서는 마냥 시간을 가지고 탐구할 수는 없습니다. 업무 장면에서는 최선의 답보다는 주어진 시간 안에 만들 수 있는 최적의 방안을 찾아서 성과를 만들어내는 것이 더 중요합니다.

상담을 하다 보면, 학위를 취득한 후에 기업으로 와서 적응에 어려움을 겪는 사례를 종종 봅니다. 학문적인 기준을 현장에서 그대로 적용하려고 하는 과정에서 상사와 갈등이 생기거나, 업무에 지연이 생겨서 결과적으로 성과를 내지 못하는 경우들입니다.

무언가 꼬인다면 그것은 뭔가 맞지 않는 것

김박사는 자신의 연구결과를 실제 현장에서 활용해보고 싶어서 연구실을 떠나 기업으로 왔고, 회사는 김박사의 지식을 통해서 업무 프로세스를 혁신하기를 원했습니다. 김박사는 기초부터 바로 세우는 것이 중요하다고 생각해서 근본적인 질문과 탐구부터 시작했습니다.

하지만 김박사가 제안하는 과정과 목표는 현실적으로 시간이 많이 소요되는 데다가 이상적인 기준이라는 점에서 상사들과 부딪혔습니다. 학문적으로는 문제가 없던 자신의 원칙이 기업에서는 받아들여지지 않았고, 이제 '균형을 어떻게 맞출 것인지'가 그가 당면한 문제인 셈입니다.

동일한 조직 내에서 회사에서 담당하는 역할이 바뀌는 경우에도 균형점의 변화를 만들어냅니다. 예컨대 관리자로 승진하거나 이직이나 부서이동으로 업무가 변하는 경우들입니다. 실무자에서 관리자가 되면 해야 할 역할이 변화합니다.

대표적인 변화는 업무를 관리하는 것이 아니라 이제 사람을 관리하고 위임하고 피드백해야 하는 역할이 더 중요해지는 것입니다. 실무자로서 열심히 하던 방식은 관리자로서 팀을 이끌어가는 데는 적당하지 않을 수 있습니다.

감당해야 하는 양이 많아졌는데, 이전과 동일한 수준을 유지하려고 해도 일은 꼬입니다. 물이 넘치면 담을 그릇을 바꾸어야 하는 것처럼, 감당해야 할 업무의 몫이 달라졌다면 처리하는 방식도 바꿔야 합니다. 물이 쏟아지는데 같은 그릇으로 받아내고 있으면 물은 넘쳐흐릅니다.

영철씨는 애들 얼굴을 제대로 못 본 지가 한 달은 된 것 같습니다. 평소에도 주중에는 퇴근도 늦고 아이들도 숙제를 하느라 함께하는 시간이 별로 없지만, 그래도 주말에는 소소하게 이벤트를 만들어서 놀아주는 편이었습니다. 그런데 최근 몇 주는 출시를 앞둔 상품의 막바지 준비 때문에 주말에도 출근하느라 주말조차도 아이들과 놀지 못했습니다.

아내와 아이들 모두 아빠의 회사 상황을 이해하고 있지만, 가정적인 아빠를 지향하는 영철씨는 스스로가 매우 못마땅하고 좋은 아빠가 아니라는 것에 대해 자책감이 듭니다. 일이 많아졌는데도 일도, 가정도 다 잘하려고 하니 몸이 지치고 일의 효율이 떨어질 수밖에 없습니다.

일과 가정, 둘 다 동시에 항상 잘할 수는 없는 일입니다. 한동안 가족과 충분한 시간을 보내지 못한 것은 아쉽지만, 그렇다고 가정적인 남편과 아빠라는 점이 달라지는 것은 아닙니다. 모든 역할을 항상 동시에 잘할 수 없고, 비록 가정이 일보다 우위에 있다고 생각하지만 항상 그럴 수는 없습니다.

사람마다 삶의 영역에 대해 우선순위를 두고 있지만, 상황과 여건에 따라서 그 순위는 엎치락뒤치락 하기 마련입니다. 인기가수가 항상 가요순위에서 1등을 하지 못해도 탑가수인 것이 변함없는 것처럼, 가족이 내 마음속의 1순위지만 실제로 쏟는 시간이 항상 가장 많을 수는 없는 것이 현실입니다.

만일 직장에서 승진을 앞두고 있다면, 혹은 중요한 프로젝트의 마감이 임박해 있다면, 그 시기에는 개인적인 시간이나 가족과 지내는 시간보다 업무에 몰입하는 시간과 에너지가 너 많게 됩니다. 반대로 결혼이나 자녀의 출산으로 새로운 가족을 맞는다면, 또는 가족이나 개인적으로 건강·재정·법률적 이슈 등 외적 스트레스 사건이 있다면 업무보다 개인이나 가족에 더 많은 신경을 쓸 수밖에 없습니다.

일과 가정, 일과 개인의 삶은 모두 중요합니다. 한정된 시간을 적절하게 배분해서 균형을 맞추어야 하는데, 현재 상황의 요구를 인정하지 않으면 일은 꼬입니다.

무언가 일이 꼬인다면, 지금 하고 있는 방식이 환경과 무언가 맞지 않음을 알려주는 것입니다. 환경의 변화는 지금까지 안정적이었던 평형을 흔듭니다. 효과적이고 성공적이었던 방식이 더 이상 그렇지 않다면, 균형의 조정이 필요함을 알려주는 중요한 신호입니다.

갈등이 깊어질 때,
"나는 그대로인데 뭐가 문제일까요?"

성인이 되어 사회인이 되고, 새로운 가족도 꾸리게 되면 한 개인이 맡는 역할은 여러 개가 됩니다. 나는 변한 것이 없는데 갈등이 깊어진다면 새로운 역할에 맞는 균형을 다시 찾아야 할 때인 것입니다.

다양한 사람과 관계를 맺으면서 어떤 사람과는 잘 지내는데, 다른 사람과는 그렇지 않을 때가 있습니다. 사이를 좁혀보려고 할수록 오히려 갈등이 깊어진다면, 지금까지와는 다른 접근으로 새로운 균형을 맞추어야 할 때입니다.

#1. "팀에 후배가 들어왔는데 입사 초기 시절의 내 모습을 떠올리게 하는 어딘가 나와 닮은 구석이 많은 것 같습니다. 그가 어떤 생각을 하는지, 어떤 어려움이 있는지 다 알 것 같아 도움을 주고 싶은

마음에 이런저런 조언을 했습니다. 그런데 나를 대하는 그의 표정이 좋지 않습니다. 후배들은 보통 나를 따르고 내 조언을 감사히 여기는데, 이 친구는 왜 이럴까요?"

#2. "지금까지 일하면서 인간관계로 어려운 적이 없었고, 매년 실시하는 리더십 평가에서도 항상 높은 점수를 받았습니다. 그런데 하나밖에 없는 딸은 요즘 아빠와 얘기도 하고 싶어 하지 않습니다. 세상 무엇보다도 딸에게 사랑과 정성을 기울였는데 밖에서 만나는 사람들만도 못한 관계인 것 같아서 너무 속이 상합니다. 모두 내 말에 귀를 기울이고 나더러 좋은 사람이라고 하는데, 왜 딸은 나를 거부하는 걸까요?"

#3. "5년간의 오랜 연애 끝에 대학동창과 결혼했습니다. 서로 말이 잘 통하는 것이 가장 좋았고, 그래서 친구처럼 서로 의지하며 지내는 부부생활을 기대했습니다. 그런데 시댁에만 다녀오면 남편과 다툽니다. 시부모님 앞에서 남편은 조선시대로 돌아간 듯 가부장적으로 행동하고, 어른들이 하는 말에 내가 말대꾸도 하지 못하게 합니다. 원래 자기 집안 분위기가 그러니 가정의 평화를 위해서 맞춰 달라고 하는데, 두 가지 남편의 모습을 어떻게 이해해야 할지 모르겠습니다."

새로운 역할이 생길 때마다 균형은 조정된다

어떤 사람과는 무난하게 잘 지내는데, 다른 사람과는 그렇지 않을 때가 있습니다. 대상을 편애하거나 차별해서 대하는 것도 아니고, 상대에 대한 호의를 가지고 하던 대로 합니다. 그런데 어떤 관계는 원만하게 지내지만 또 어떤 관계는 갈등이 생기고 내가 의도하지 않은 부정적인 모습으로까지 오해를 받는다면 균형을 맞추어야 한다는 신호입니다.

우리가 다른 사람을 대하는 기본적인 태도와 관계를 맺는 방식은 잘 변하지 않습니다. 관계를 맺는 방식은 성격의 일부분이라서 의식하지 않아도 자연스럽게 몸에 배어 있는 습관들이 나타납니다. 예컨대 눈치 빠른 사람은 어디가나 상대를 빨리 파악해서 남을 챙기거나 분위기를 잘 맞추고, 직선적인 사람은 학교에서도 직장에서도 옳고 그른 것에 대해서 자기 의견을 분명하게 드러냅니다.

있는 그대로의 모습에 호감을 느끼는 사람들끼리 보통 친구가 되고, 간혹 갈등이 생기더라도 그동안 쌓아온 신뢰와 정으로 이해하면서 풀어갑니다. 만일 이번에도 비슷한 과정을 기대했는데, 갈등이 풀리지 않고 계속 깊어진다면, 이 관계에서는 지금까지 유지해오던 방식을 재조정해야 함을 알려줍니다.

대표적인 경우는 지금까지 해보지 않던 새로운 역할을 담당했을 때입니다. 성인이 되어 사회에 나가서 공적인 역할을 맡게 되었을 때, 이전의 친구 사이 같은 사적 관계와는 달리 업무관계가 생깁니다. 결혼을 하면 남편/아내 역할과 함께 사위/며느리 같은 지금까지 해보지 않았던 새로운 역할이 생깁니다. 그리고 아이가 태어나면 부모의 역할도 해야 합니다. 이런 역할들은 각각 기대되는 역할행동이 있습니다.

영수씨는 가부장적 분위기의 집안에서 성장했습니다. 자신은 아버지와 달리 부드럽고 자상한 남편이 되겠다고 생각했지만, 부모님과 굳이 부딪히고 싶지 않아서 집에서는 자신도 그저 아버지처럼 행동해왔습니다.

그런데 결혼을 하고 나니 아내가 자신의 행동을 문제 삼기 시작했습니다. 집에서는 가사를 함께하고 합리적이던 사람이 부모님 댁에만 가면 갑자기 권위적인 남편이 되는 것을 이해하기 어렵다는 것입니다.

가족에게 새로운 구성원이 생기면서 이전의 균형이 깨지는 것은 당연하고, 이제 새로운 균형을 찾아야 합니다. 지금까지 유지했던 방식은 부모님과 관계에서는 균형을 맞추는 행동이었지만,

아내가 포함된 새로운 가족에서는 더 이상 그렇지 않습니다. 영수씨는 아내와 어머니 사이에서 균형을 이룰 수 있는 새로운 행동방식을 시도해야 합니다.

새로운 행동방식이 필요하다

회사에서는 존경받는 상사이고 리더인데, 정작 가족으로부터 지지받지 못하는 사례를 종종 봅니다. 리더십 교육을 마친 후에 자녀문제로 고민이 있다며 따로 상담을 청해서 자녀를 만난 적이 있습니다.

자녀의 가장 큰 불만은 아빠가 자신을 부하직원 대하듯이 한다는 것이었습니다. 말투만 부드러울 뿐, 내용을 보면 설교만 하며 자신의 고민과 입장을 인정하지는 않는다고 했습니다. 딸이 아빠에게 기대한 것은 함께 속상해하고 분개해주는 같은 편이 되어주는 것이었는데, 합리적이고 이성적인 모습은 딸을 대하는 아빠보다는 업무를 처리하듯 직원의 업무고민을 해결해주는 상사 같았습니다. 부드러운 어조로 합리적인 조언을 해주는 모습은 상사로서는 바람직한 모습이지만, 사춘기 자녀를 대하는 아빠로서는 충분하지 않은 것입니다.

새로운 역할을 맡아 행동하게 될 때 이전에 하던 행동방식이 그대로 받아들여질 수도 있고 그렇지 않을 수도 있습니다. 상대방의 특성에 따라서도 다를 수 있습니다. 예컨대 직장에서 업무로 만났지만 학교 후배나 친구처럼 사적인 부분을 공유하고 조언하는 것에 대해 긍정적으로 받아들이는 사람도 있고, 그렇지 않은 사람도 있습니다.

90년대생과 소통의 어려움에 대해 이야기하며 "우리 때는 이렇게 말하는 것이 문제가 되지 않았는데, 왜 요즘 젊은 사람들은 까다롭게 구나요?"라고들 합니다. 하지만 이전 관계에서 문제가 없었다고 해서 모든 관계에서 적절함을 보장하지는 않습니다. 개인마다 성향이 다르고, 살아온 방식이 다르고, 관계 방식도 다르기 때문입니다.

우리는 살아가면서 여러 역할을 맡습니다. 성인이 되어 사회인이 되고, 새로운 가족도 꾸리게 된다면 한 개인이 맡는 역할은 여러 개가 됩니다. 역할이 여러 개라고 해도 나의 원래 모습이 어떻게든 배어 있겠지만 어떻게 비중을 조절할 것인가는 역할에 따라, 대상에 따라 다릅니다.

가족과 같은 좀 더 지지적이고 친밀감을 요구하는 관계에서는 업무나 친구관계와는 다른 기대가 있습니다. 결혼 전에는 혹은 부모가 되기 전에는 관계에서 갈등이 생긴 적이 별로 없었는데, 이전에는 나더러 문제라고 하지 않았는데, 나는 변한 것이 없는 데 갈등이 깊어진다면 새로운 역할에 맞는 균형을 다시 찾아야 할 때인 것입니다.

일상이 무료하고 지루할 때,
"나는 잘살고 있는 걸까요?"

일상의 편안함이 무료하고 지루하게 다가올 때가 있습니다. '내가 과연 제대로 잘 살고 있는 건가' 하는 난데없는 의구심이 든다면 균형을 점검해야 할 시기임을 알려주는 신호입니다.

일상이 바쁠 때는 심리적·시간적 여유를 바라지만 그 여유가 일상이 되면 무료하고 지루함으로 다가옵니다. 반복되는 일상에 충분히 익숙해져서 지루하게 느껴진다면, 이제 새로운 균형을 맞추기 위해서 변화를 시도해봐야 할 때입니다.

#1. "요즘 별로 재미있는 일이 없고 의욕이 없습니다. 원래 열정적이고 적극적인 편인데 최근에는 무엇을 해도 즐겁지 않고, 사람들과 만나는 것도 귀찮습니다. 친구들과 만나서 떠들어봐야 하나마

나한 쓸데없는 시간들인 것 같습니다. 늘 같은 시간에 일어나서 출퇴근하는 일과들이 지루하고, 이렇게 언제까지 반복해야 하나 하는 비관적인 생각도 가끔 듭니다. 허무하고 냉소적인 생각을 하고 있는 자신을 발견하고 요즘 내가 왜 이러나 싶습니다."

#2. "드디어 직장인이 되었다고 즐거워하던 것이 엊그제 같은데 벌써 3년차입니다. 흔히 말하는 직장인 사춘기가 이런 것일까요? 뿌듯하고 설레던 출근길도 이제 무덤덤하고, 월급의 즐거움을 누리는 시간도 점점 짧아지는 것 같습니다. 하루 종일 일과 사람들에 부대끼는 이 일을 언제까지 해야 하는지, 내가 인생을 제대로 살고 있는 것인지 모르겠습니다."

#3. "결혼한 지 7년차. 결혼하고 육아로 정신없다가 이제 아이가 어린이집에도 적응했고, 정신없이 쫓기는 것 같은 생활이 좀 안정이 되는 느낌입니다. 아이 데리고 출퇴근하는 것에 남편과 저 모두 익숙해져서 이제 굳이 말하지 않아도 각자 맡은 부분을 알아서 합니다. 너무 손발이 잘 맞아서 그러는 걸까요? 가정을 잘 꾸려가고 있는 것 같은데, 점점 서로 얘기하는 시간이 없어집니다. 불만이 없으니 다툴 일은 없는데, 아무 일 없는 것이 평화보다는 무료하게 다가옵니다. 우리 부부 이대로 괜찮을까요?"

일상을 반복할 수 있다는 것은 행복한 일입니다. 그러나 늘 하던 대로 지내던 일상이었는데, 문득 그 일상의 편안함이 무료하고 지루하게 다가올 때가 있습니다. 평소 즐기던 일들에도 무덤덤하고, '내가 과연 제대로 잘 살고 있는 건가' 하는 난데없는 의구심이 든다면 균형을 점검해야 할 시기임을 알려주는 중요한 신호입니다.

일상의 편안함이 무료하고 지루하다면

직장에서 그리고 가정에서 적응하고 해내야 할 업무와 역할이 많으면 거기에 따라가느라 정신이 없습니다. 정신없이 바쁘다가 한숨 돌리고 나면, 이제 내 안에 돌보지 못했던 여러 욕구들이 제 목소리를 내기 시작합니다. 내가 제대로 살고 있는 걸까요?

균형을 깨뜨리는 스트레스는 반드시 부정적인 사건만을 의미하지 않습니다. 긍정적이거나 부정적이거나 삶의 모든 변화는 우리에게 긴장감을 줍니다.

일이 많아지는 것도 균형을 깨뜨리는 것처럼, 늘 있던 자극들이 사라지는 것도 마찬가지로 이미 이루고 있던 균형을 깨뜨립니다. 새로운 환경에 놓이면 거기에 적응하기 위해서 가지고 있는 에너지들이 집중됩니다.

신입사원이라면 업무 파악은 물론이고 새로운 사람들과 친분을 만들고, 회사 분위기에도 익숙해져야 합니다. 보통 1년 정도는 사회인이라는 역할에 적응하느라 긴장 속에서 지냅니다. 경험하는 대부분의 사건이 새롭고, 성취감과 좌절감, 즐거움과 짜증 등 다양하고 생생한 감정을 겪습니다.

적응기가 지나서 안정기에 들어서면, 이전보다 더 적은 에너지를 들여도 주어진 업무와 생활을 해낼 수 있고, 여유와 안정으로 다가옵니다. 그 안정감이 지속되면서 남아도는 에너지들을 쓸 곳을 찾지 못할 때 생활은 재미가 없고 무료하게 느껴집니다. 흔히 이 시기가 3년차 즈음에 찾아오고 '직장인 사춘기'라고들 부르는 것입니다.

한동안 공공기관을 비롯한 기업들이 지방 도시로 이전하면서 많은 직장인들이 직장을 따라 거주지를 옮겨야 했습니다. 지방으로 이전한 공공기관의 상담기관에는 한두 달이 지난 후에 무기력함으로 상담을 찾는 사례가 많았습니다. 이들의 무기력함은 상당부분 늘어난 여유시간에서 오는 무료함과 관련이 있었습니다. 출퇴근 시간의 교통체증도 사라졌고, 가족친지나 친구들과 떨어져 있다 보니 만나고 챙겨야 할 사람들도 줄었습니다. 가정이 있는 사람은 온전히 내 가족에 집중할 수 있게 되었고, 싱글인 사람은 나만의 시간에 집중할 수 있는 시간 여유가 생긴 것입니다. 처음에는 쫓기지 않는 여유를 즐기면서 누렸는데, 한 달 정도 시간이 지나니 무언가 허전하고, 스스로가 무기력하게 느껴지는 것입니다.

제주로 이전한 기업에서 근무하는 직장인들도 마찬가지였습니다. 제주는 멋진 풍경과 즐길 수 있는 거리들이 공공기관이 이전한 여느 지방 소도시에 비해서 훨씬 많지만, 여행지의 풍경이 생활이 되면 여행자로서 가졌던 설렘은 사라집니다.

닥친 일들을 처리하고 해내느라 바쁠 때는 잠시 찾아오는 여유가 반갑지만, 그 여유로움이 생활이 된다면 그 시간을 다르게 보내고 싶은 마음이 듭니다. 말하자면 그동안 일상에 치여서 미뤄두었던 생각하지 못했던 욕구들이 떠오릅니다. 업무에 적응하느라 생각하지 못했던 나를 위한 시간들, 발전과 성장을 향한 욕구, 아이를 돌보느라 나누지 못했던 부부간의 친밀감 등이 중요하게 다가옵니다.

일상이 심심하고 지루해졌다면, 이것은 '지금 균형을 점검하라'는 중요한 알람입니다. 변화가 없는 것 같지만 높은 긴장 속에서 지내다가 긴장수준이 낮아졌고, 시간이 이전보다 여유로워졌습니다. 변화에도 불구하고 평소와 같은 패턴으로 지내면 심심합니다. 이제 새롭게 만들어진 나의 심리적·시간적 여유를 다룰 수 있는 기술을 개발해야 할 때입니다.

예상치 못한 갑작스러운 변화,
"이런 일은 처음입니다"

객관적으로 보기에 큰 변화를 맞이하고도 그 일이 생기기 전과 동일하게 지낸다는 것은 사실 '위장'입니다. 즉 아무 일도 없다고 자신을 속이는 것과 같습니다.

예상하지 못한 일이 갑자기 생기면 기존의 균형은 깨집니다. 마음은 혼란스럽고, 변화에 맞추어서 삶의 방식도 새롭게 정비해야 할 수도 있습니다. 변화는 균형을 맞추어야 함을 알려주는 분명한 알람입니다. 별일 아니라고 외면할 것이 아니라, 변화를 인정하고 균형을 점검해야 합니다.

#1. "어머니가 유방암이 재발했다는 진단을 받았습니다. 5년 전에 수술하시고 이제 완치된 줄 알았는데, 다시 또 재발해서 어떻게

해야 할지 모르겠습니다. 아버지도 건강이 안 좋아서 어머니를 돌볼 수 없고, 저도 아직 돌도 지나지 않은 아이가 있어서 어머니를 챙길 수가 없습니다."

#2. "몇 년 동안 공들여 진행하던 프로젝트가 접혔습니다. 예상보다 진척이 좀 더디긴 했지만, 긍정적인 부분들이 있어서 곧 성과가 나타날 것 같다고 동료들과 서로 희망적인 얘기를 하며 마음 한 편으로 기대하고 있었거든요. 그런데 시장상황이 갑자기 이렇게 안 좋아질 것이라고는 예상하지 못했어요."

#3. "작업 중에 사고가 있어서 동료가 크게 다쳤습니다. 그동안 규칙과 안전 기준 모두 잘 따르고 있었는데, 항상 조심해도 한 순간 방심하면 사고가 일어나는 것 같아서 무섭네요. 평소처럼 지내려고 하는데, 나도 그런 일이 생길 수 있지 않을까 하는 생각이 문득 들기도 합니다."

준비도 예상도 하지 않았는데 원치 않는 사건이나 사고를 마주해야 할 때가 있습니다. 자신이나 가족과 같은 가까운 사람이 몸이 아프거나 다칠 수도 있고, 회사에서 인원 감축이나 사고 같은 예기치 않는 큰 변화가 일어날 수도 있습니다. 어느 날 갑자기 감염병이 세계를 휩쓸어 삶의 방식을 바꾸어야 할 상황에 놓이기도 합니다.

살다 보면, 이런 모든 변화가 한꺼번에 닥쳐오는 날을 맞기도 합니다. 갑작스러운 변화는 안정적이던 평형을 깨뜨리고, 마음을 혼란스럽게 합니다.

비상사태에는 그에 상응하는 대비책이 필요

영숙씨는 외동딸로 어머니와 각별한 사이였습니다. 어머니가 처음 암 진단을 받았을 때는 미혼이었을 때라서 어머니 곁에서 치료과정을 함께할 수 있었습니다. 수술 후 5년이 되어가면서 곧 완치판정을 받을 것이라 기대했고, 대학 때부터 사귀어오던 사람과 결혼을 했습니다.

첫 출산을 하고 나니 엄마에 대한 애틋함이 더 깊어졌고, 육아를 하면서 엄마에게 심리적으로 더 많이 의지하고 있던 참이었습니다. 그런데 다시 암이 재발되었다는 이야기를 들으니, 세상이 무너지는 것 같은 기분이 들었습니다. 그 사이에 결혼도 하고 아이도 있고 환경도 달라졌지만, 엄마를 챙기는 것을 이전보다 소홀하게 할 수는 없다고 생각했습니다.

영숙씨의 상황이 달라졌는데, 이전과 동등하게 어머니를 챙기려고 하니 여러 문제가 생겼습니다. 아직 출산 후 몸이 완전히 회복되시 않은 상태에서 육아와 병간호까지 다 하려니 몸에 무리가 생기기 시작했고, 무엇도 제대로 하지 못하는 것 같아 남편에게도 아이에게도 어머니에게도 죄책감이 들었습니다.

애정을 담아 진행하던 프로젝트가 접히면 좌절감과 허탈감이 드는 것이 당연합니다. 함께 일하던 동료가 현장에서 사고를 당했다면 매일 하던 작업이 더 조심스럽고 불안하게 느껴집니다. 다시 평상심을 찾기 위해서는 예기치 않은 변화가 만들어낸 감정을 다루어야 하고, 안정된 상황에서 중요하게 여기던 가치나 일의 우선순위와 비중도 달라져야 합니다.

큰 변화를 경험하고 꾹 눌러 참고 지내다가 몇 개월 혹은 몇 년이 지난 후에야 감정의 혼란이 찾아오는 사례를 종종 봅니다. 되짚어가다 보면 모르는 척 애써 눌러왔던 감정이 묻혀 있고, 결국 예상치 못하던 시기에 솟아올라서 무기력해지거나 예민해지는 것입니다.

예기치 않은 변화는 비상사태이고, 비상사태에는 그에 상응하는 대비책이 필요합니다. 큰 변화를 맞이하고도 이전 방식을 그대로 유지하려는 경우에 흔히 '힘든 일이 생기더라도 의연하게 대처해야 한다'거나 '평소에 하던 방식이 가장 안전하다'고 생각합니다. 하지만 객관적으로 보기에 큰 변화를 맞이하고도 그 일이 생기기 전과 동일하게 지낸다는 것은 사실 '위장'입니다. 아무 일도 없다고 자신을 속이는 것과 같습니다.

- 나는 그대로인데 결과가 꼬인다면, 환경의 변화를 살펴볼 필요가 있습니다. 어떤 환경에서는 효과적이던 방식이 다른 환경에서는 그렇지 않을 수 있기 때문입니다.

- 좋은 약도 과하면 독이 될 수 있듯이 바람직한 가치와 습관이라고 해도 지나치면 해가 될 수 있습니다.

- 업무 장면에서는 최선의 답보다는 주어진 시간 안에 낼 수 있는 최적의 방안을 찾아서 성과를 만들어내는 것이 더 중요합니다.

- 효과적이고 성공적이었던 방식이 더 이상 그렇지 않다면, 균형의 조정이 필요함을 알려주는 신호입니다.

- 어떤 관계는 원만하게 지내는데, 어떤 관계는 갈등이 생기고 내가 의도하지 않은 부정적인 모습으로까지 오해를 받는다면 균형을 맞춰야 한다는 신호입니다.

- 이전 관계에서 문제가 없었다고 해서 모든 관계에서 적절함을 보장하지는 않습니다. 개인마다 성향이 다르고, 살아온 방식이 다르고, 관계 방식도 다르기 때문입니다.

- 균형을 깨뜨리는 스트레스는 반드시 부정적인 사건만을 의미하지 않습니다. 긍정적이거나 부정적이거나 삶의 모든 변화는 우리에게 긴장감을 줍니다.

- 일상이 심심하고 지루해졌다면, 이것은 '지금 균형을 점검하라'는 중요한 알람입니다.

- 평상심을 찾기 위해서는 예기치 않은 변화가 만들어낸 감정을 다루어야 하고, 안정된 상황에서 중요하게 여기던 가치나 일의 우선순위와 비중도 달라져야 합니다.

- 예기치 않은 변화는 비상사태이고, 비상사태에는 그에 상응하는 대비책이 필요합니다.

———————— 마음과 상황이 예전 같지 않고 무언가 이상하다는 신호를 감지했다고 해도, 바로 새로운 균형을 위한 변화를 시도하는 것은 쉽지 않습니다. 지금까지 해오던 방식보다 더 나을 것이라는 보장이 없고, 무엇보다도 익숙함에서 벗어난다는 것이 어렵습니다.

이상 신호를 감지했음에도 '혹시 조금 더 시간을 두고 지켜보다 보면 나아지지 않을까' 하는 기대를 가지고 그간 하던 대로 지내는 것은 사실 운에 맡기는 것과 같습니다. 운이 좋으면 다시 안정을 찾을 수 있겠지만, 그렇지 않다면 갈등은 깊어지고 몸과 마음은 지쳐가게 됩니다.

2장

삶의 균형이 깨질 때,
무슨 일이
벌어질까요?

불균형의 유혹,
생각보다 크다

과거에 좋은 결과를 얻었다면, 그 '방식' 자체가 아니라 그것을 고안하고 수행했던 내 역량을 믿어보세요. 과거의 영광을 향한 미련을 내려놓아야 변화를 인정하고 새로운 방식을 향해 나아갈 수 있습니다.

균형이 깨졌음을 알리는 신호를 바로 알아차리기는 쉽지 않습니다. 일이 꼬이고, 갈등이 깊어지고, 무언가 막연하게 지금 생활이 만족스럽지 않게 느껴지더라도, 다른 한편으로는 지금 상태를 유지하고 싶은 유혹이 있기 때문입니다.

균형이 깨졌음을 알리는 신호를 바로 알아차리기란 쉽지 않습니다. 일이 꼬이고, 갈등이 깊어지고, 무언가 막연하게 생활이 만족스럽지 않게 느껴지더라도, 지금이 변화해야 하는 시점인가를 확신하기 어렵습니다. 모든 변화는 어느 정도의 리스크를 포함하고 있는 것이고, 그 결과에 대해서 우리는 미리 알 수가 없기 때문입니다. 더 나아지리라는 보장이 없다면 지금 방식을 조금 더 유시해보는 것이 좋지 않을까 하는 마음, 그 유혹은 내 마음과 환경이 보내는 신호를 무시하게 만듭니다.

익숙함의 유혹

지금 불편함이 있다고 해도 이를 무시하고 현재를 유지하게 하는 가장 큰 유혹은 익숙함입니다.

익숙한 습관은 우리의 인지적 자원을 훨씬 덜 사용합니다. 익숙해진 방식은 의식적인 노력을 기울이지 않아도 자동적으로 몸이 움직이고, 늘 하던 일은 크게 집중을 하지 않고 다른 생각을 하면서도 동시에 처리할 수 있습니다. 에너지가 덜 드는 일이라서 심리적으로 긴장하지 않아도 되고, 결과에 대해 대략 예측도 가능합니다. 긴장도가 낮아 마음의 여유가 있고, 결과에 대한 예상으로 통제감도 가질 수는 있으니 굳이 익숙함을 버리고 긴장감을 만들어내고 싶지 않은 것입니다.

제가 운전을 처음 배웠을 때 한강을 건너는 코스는 성수대교를 지나가는 방법이었습니다. 한강에는 다리가 수십 개 있고, 출발지와 목적지 부근의 가까운 다리를 선택하면 되는 일인데, 운전도 서툴고 길도 서툰 그 시절의 저는 한강을 건너야 한다고 하면 우선 성수대교로 향했습니다. 어디서 출발하든, 어디로 향하든지 성수대교를 통해 강 너머 동네로 갔습니다.

마음 한편에서는 먼 길을 돌아가는 어리석은 짓이라는 생각은 있었지만, 낯선 길을 통해 가다가 혹시라도 길을 잃거나 운전하기 어려운 길이 나올지도 모르는 일이니 설사 한참 시간이 더 걸리더라도 익숙한 길로 가는 것이 마음이 편했습니다.

마음이 편하다고 해서 그 방식이 최적임을 의미하는 것은 아닙니다. 익숙함이 주는 편안함을 얻는 대신에 길 위에서 더 많은 시간을 보내야 하고, 새로운 길을 배울 기회도 갖지 못했으니 말입니다.

익숙함이 주는 유혹으로 문제해결이 지연되는 경우는 심리학 실험에서도 찾아볼 수 있습니다. '두 줄 실험'이라는 것이 있는데, 닿지 않는 두 줄을 묶는 것이 과제입니다. 즉 양 끝이 서로 닿지 않는 두 줄이 천정에 길게 매달려 있고, 두 줄은 양팔로 동시에 잡아야 하는 간격으로 떨어져 있습니다. 활용할 수 있는 도구로 한 집단에는 가위를 주고, 다른 집단에는 망치를 준 후 두 줄을 이어 묶는 과제를 줍니다. 과제를 해결하는 정답은 주어진 도구의 한쪽에 줄 하나를 묶어서 반동을 이용해 다른 쪽 줄에 닿도록 하는 것입니다.

망치나 가위 모두 줄을 묶어서 반동을 이용하기에는 무리가 없으나, 망치를 받은 집단에 비해서 가위를 받은 집단은 문제를 해결하는 데 훨씬 더 많은 시간이 걸립니다. '가위는 줄을 자르는 도구'라는 기존의 고정관념이 너무나 익숙하게 자리 잡고 있었기에 줄을 묶을 수도 있다는 해결방식을 떠올리는 것을 방해한 셈입니다.

비슷한 경우가 우리 일상에서 종종 일어납니다. 익숙함이 주는 편리함에 이끌려서 더 좋은 방법이 있는지를 굳이 찾아보려고 하지 않습니다. 이처럼 편리함에 마음을 내어주면, 일을 할 때에 조건을 충분히 살피지 않고 하던 대로 하다가 결국 오류가 나타납니다.

관계도 마찬가지입니다. 관계에서 갈등이 일어나는 이유 중의 하나는 상대방의 특성이나 반응을 고려하지 않고 본인이 하던 방식을 고집하기 때문입니다. 하던 대로 하는 것이 편리하기 때문에 상황의 차이를 고려해서 조정하고 맞추려는 노력을 굳이 기울이지 않는 것입니다.

직장 내 괴롭힘으로 의뢰되어 만나는 경우에, 가해자로 지목된 사람들이 흔히 하는 이야기는 "별 생각 없이 하던 대로 말하거나 행동했다"는 것입니다. 예전에는 그런 방식으로 말해도 문제가 되지 않았기 때문에 몸에 익은 대로 행동하고 말이 나왔다는 것입니다. 함께 일하는 대상이 다르고, 직장에서 서로 지켜야 할 예의에 대한 기준이 바뀌었음에도 익숙함에 이끌려서 하는 행동은 큰 문제를 만들 수 있습니다.

가족과 함께 외국 주재생활 중에 부부갈등이 심각해져서 이혼을 앞두고 찾아온 부부가 있었습니다. 해외근무이기는 하지만 한국에서 하던 업무의 연장이라서 남편은 생활에서 큰 차이를 느끼지 못했다고 했고 적응도 어렵지 않았습니다. 하지만 휴직하고 함께 간 아내는 달랐습니다. 출퇴근하다가 전업주부가 된 것만 해도 큰 변화인데, 생활문화도 바뀌었으니 모든 것이 다 새롭고 배워야 할 것들이었습니다.

부부갈등이 생기기 시작한 부분은 남편이 아내가 경험하는 변화의 스트레스를 인정하지 않고 한국에서와 다름없이 행동한다는 것이었습니다. 가장 가까운 가족은 익숙함에 길들여져서 상대방이 경험하는 변화를 중요한 것으로 인정하고 맞추는 데 소홀해지기 쉽습니다.

결과에 대한 불확실함, 과거의 영광을 향한 미련

지금의 방식이 주어진 조건과 균형을 이루는 최적이 아님을 인지했다고 해도 현재를 포기하는 것은 결코 쉽지 않습니다. 익숙하지 않은 다른 방식을 시도했을 때 그 결과가 더 나을 것이라는 보장이 없기 때문입니다. 한 사람의 습관으로 자리 잡기까지 그 행동방식은 수백 번 혹은 수만 번 반복되어 왔을 것이고, 그만큼 반복되어 올 수 있었다는 것은 긍정적인 결과가 있었기 때문입니다.

연구실을 떠나 실무현장에 와서 이상적이고 본질적인 질문을 좇느라 실질적 성과를 내지 못한다는 이유로 적응에 어려움을 겪고 있는 직원은 그 탐구적 태도 때문에 우수한 성적으로 박사 학위까지 받을 수 있었습니다. 남들은 당연하다고 생각하는 사실에 대해 의문을 제기하고 객관적으로 증명하려는 지적 호기심이 학문적 성취의 동력이 되었습니다. 하지만 이제 그 습관이 최적이 아닌 장면에 놓여버린 것입니다.

상사와 조직의 부정적 평가가 있기 전까지는 자신의 방식에 대해서 의심해보지 않았습니다. 과거의 영광에 대한 미련으로 인해서 주변의 피드백을 귀 기울여 듣지 않았고, 성취의 동력이 되었던 지적 호기심이 새로운 장면에서는 오히려 성과를 방해할 수도 있다는 것을 깨닫기까지 시간이 걸렸습니다.

업무를 위임하지 않으려고 해서 조직 운영이 효과적이지 않다는 평가를 받는 리더들이 흔히 하는 질문은 "위임하는 것이 내가 직접 관리하는 것보다 더 나을까요?"라는 것입니다. 아직 해보지 않았다면 어떤 결과가 있을지 알 수 없습니다. 아마도 본인이 한 것만큼 업무의 완성도는 높지 않을 수 있겠지만 전체 조직 운영에서는 더 나은 점이 있을 것입니다.

경험을 통해 분명하게 알고 있는 기존의 장점을 포기한다는 것은 쉬운 일이 아닙니다. 다른 방식을 선택해서 성공에 대한 보장이 없다면, 익숙한 방식을 유지하는, 안전한 선택을 하고 싶어집니다.

그렇지만 환경이 변했다면, 기존 방식의 효과는 동일하게 나타나기 어렵습니다. 학교와 기업의 목표가 다르고, 실무자와 리더의 역할이 다르니, 그에 맞게 행동방식도 재조정되어야 합니다. 이직을 하게 되면 회사마다 고유한 조직문화가 다를 수 있으니, 새로 옮겨간 직장에서 요구하는 방식과 기준에 따라 행동 방식의 조정이 필요합니다.

역할이 바뀌거나 업무 변경이나 조직을 이동한 후에 이전에 비해서 성과를 내지 못하는 사례를 보면, 변화된 요구에 유연하게 적응하지 못하기 때문인 경우가 흔합니다. 업무의 특성에 따라 효과적인 방식에 차이가 있을 수 있고, 조직 문화에 따라 요구되는 기준이 다름에도 불구하고 이전의 방식을 내려놓지 못해서 적응을 못하는 것입니다.

과거에 성공적 결과를 얻었다면, 그 '방식' 자체가 아니라 그것을 고안하고 수행했던 나의 역량을 믿어보세요. 자신을 믿고 과거의 영광을 향한 미련을 내려놓아야 변화를 인정하고 새로운 방식을 향해 나아갈 수 있습니다.

불균형이 지속되면
나타나는 결과들

익숙함이 주는 유혹을 이기지 못하고 과거의 영광에 사로잡혀서 새
롭게 균형을 맞추라는 알람을 지속적으로 무시하게 되면 마음에도
병이 생길 수 있습니다. 균형을 다시 잡아야 합니다.

잘못된 자세는 몸의 균형을 흐트러뜨립니다. 만약 조기에 자
세를 교정하지 않은 채 오랜 시간이 지나면 몸의 여기 저기에 통
증이 심해지고 결국 심각한 병이 생깁니다.

우리의 삶도 이와 마찬가지입니다. 익숙함이 주는 유혹을 이
기지 못하고 과거의 영광에 사로잡혀서 '새롭게 균형을 맞추라'
는 알람을 지속적으로 무시하게 되면 마음에도 심각한 병이 생
길 수 있습니다.

심리적 소진, 번아웃

평소처럼 일하는데 결과가 나오지 않고 업무 효율이 떨어지는 것은 균형이 깨졌음을 알려주는 신호입니다. 감당할 수 있는 바에 비해서 너무 많은 양의 책임을 해내려고 하면 에너지는 빠르게 소모되는데, 충분하지 않은 에너지를 가지고 어떻게든 앞에 있는 과제를 해내려고 하니 효율은 떨어지고 오히려 일은 더 꼬이는 것입니다.

신호를 자각하고 자신을 돌아보고 속도를 조절하면서 에너지를 충전해야 합니다. 그런데 깨진 균형 상태를 그대로 끌고 가다 보면 번아웃 상태에 이를 수 있습니다.

#1. "일요일이 되면 내일부터 다시 한 주가 시작된다는 생각에 마음이 갑갑해요. 숨이 막힐 것 같아서 더 이상은 이렇게 못 살 것 같아요."

#2. "해야 할 일이 있는데 내가 안 나가면 동료들이 고생할 것 같아서 출근을 안 할 수는 없어요. 누가 내 차를 와서 들이받아주면 얼마나 좋을까 상상을 합니다. 사고가 나서 병원에 입원하면 쉴 수 있잖아요."

#3. "연차를 다 썼는데도 지친 몸과 마음이 회복되지 않아요. 맘 같아서는 그냥 관두고 좀 쉬고 싶지만 가족 생각을 하면 그럴 수도 없네요."

소진 혹은 번아웃에 빠지게 되면 정서적인 자원이 고갈되어 심리적으로 회복이 힘들다고 느끼며, 세상과 주변 사람들에 대해서 부정적이고 비관적인 관점을 보입니다. '그래봤자 되겠어?'라거나 '아무 소용없어'라는 기본적인 태도를 가지고, 결과에 대해서도 부정적인 방향으로 예상합니다.

자신에 대해서도 마찬가지입니다. 일을 시작하기 전에 미리 부정적 결과를 예상하니 활기나 의욕이 더 생기지 않고, 더 반복되면 매사에 열의가 없고 무덤덤하고 무관심한 모습을 보이는 것입니다.

심리적 소진은 갑자기 나타나는 것이 아니라 단계를 거치면서 차츰 악화됩니다. 처음에는 열정이 감소하고 침체감과 좌절감이 있다가, 회복되지 못하고 더 지속될 경우 주변 세상에 대해 무관심해지고 무기력해집니다. 평소보다 민감해지고, 집중력이 감소하고, 이전에 지니고 있던 긍정적이고 전문적 기술이나 장점을 상실하는 단계에 이르게 됩니다. 소진이 갑자기 나타나는 것이 아니라 초기에 가졌던 건강한 열정이 시간을 거치면서 차츰 사라지고 악화되는 것입니다.

보통 주어신 책임을 나하기 위해서 최선을 다하려다가 자신을 하얗게 불태우고 소진에 이릅니다. 속도를 조절하지 못하고 에너지를 모두 소진해버린 사람들을 만나보면, '끝이라고 생각할 때 더 해야 한다'와 같은 좌우명을 지니고 있거나 '내 책임을 다해서 주변에 폐를 끼치지 말아야 한다'는 생각을 지닌 경우가 흔합니다.

물론 성실하고 책임감 있는 모습은 바람직하고 인정할 만하지만, 본인이 감당할 수 없을 만큼 업무의 양이 늘어난다면 성실과 책임의 기준이 달라져야 합니다. 책임감은 바람직하고 칭찬받아야 할 덕목이지만 남을 위한 것만은 아닙니다. 자신의 건강과 안녕을 유지해야 하는 책임도 있습니다.

수창씨가 있는 팀은 인원이 부족해서 충원이 필요합니다. 모두들 지금 인원에 비해 업무량이 많다는 것을 알고 있지만, 경력이 필요한 업무라서 적당한 인력을 구해 충원하는 것이 쉽지 않다고 합니다. 수창씨를 비롯해서 팀원 모두 내 몫을 못하면 다른 팀원이 고생한다는 것을 알고 있기 때문에, 어떻게든 자기 책임은 다합니다.

수창씨는 함께 고생하는 동료들을 생각하면 휴가를 내어 자발적으로 쉴 수는 없으니, 아침에 출근할 때마다 '내가 탄 버스가 사고가 나서 병원에 누워 있으면 얼마나 좋을까' 하는 상상을 해봅니다. 하지만 실제로 그런 일은 일어나지 않고 다시 일을 시작하면 업무에 실수가 잦아지고, 자신도 모르게 넋을 놓고 있을 때가 많습니다. '이렇게 살아서 뭐하나' 하는 허무한 생각이 들기도 하고, 최근에는 잠도 잘 오지 않습니다.

차라리 교통사고가 나서 쉬었으면 좋겠다고 바랄 만큼 휴식이 절실하다면, 회사와 업무에 대한 책임은 다하고 있을지 모르지만 자신에 대한 책임은 소홀하게 하고 있는 것입니다. 정해진 근무 시간과 추가근무까지 했는데도 일이 밀린다면 회사가 인원을 충원하거나 업무를 조정해야 할 일입니다. 내가 감당할 수 있는 책임범위를 넘어서는 부분이고, 좀 더 높은 권한을 가진 경영진이 고민해서 회사에서 구조적으로 해결해야 할 이슈입니다.

업무상 구조적인 문제가 아니라 스스로 긴장감을 만들어서 소진에 이르기도 합니다. 민경씨는 꼼꼼하고 차분하게 일하는 편이며, 일에 실수도 없어서 신뢰를 얻고 있었습니다. 얼마 전 민경씨의 기획안이 채택되어 TF가 꾸려졌는데, 인정받았다는 기쁨과 함께 책임지고 성과를 내야 한다는 부담감이 매우 컸습니다.

부담감이 커지니 근무중이나 퇴근을 해서나 항상 머릿속에 일 생각이 떠나지 않았고, 본인이 하던 업무에 팀원들 업무까지 챙기려고 하니 과부하가 설리게 되었습니다. 게다가 혼자 일하던 업무를 팀이 꾸려져 함께 하려니 업무를 조정하고 새롭게 틀을 잡아가야 했는데, 인정받았던 예전 방식을 바꾸려고 하니 마음이 불안했습니다. 기대만큼 성과가 나오지 않을수록 민경씨는 더 시간과 노력을 투자했고, 그럴수록 몸과 마음은 지쳐갔습니다.

초등학생 때 효과적이었던 학습방법은 공부량이 많아지는 고등학생 때는 적절하지 않을 수 있습니다. 예를 들면 초등학생은 만점을 받기 위해서 교과서를 외울 수 있지만 고등학생은 그렇게 하기 어렵습니다. 학년에 맞게 새로운 학습법을 익혀야 하는 것처럼, 업무의 연차와 직급에 따라서 효율적인 방식을 찾아야 합니다.

번아웃에서 벗어날 수 있는 방법은 휴식입니다. 에너지를 충전하고 나에게 맞는 속도와 기준을 다시 재정비해야 합니다. 주어진 책임을 다하려는 노력은 훌륭하지만, 감당할 수준을 넘어섰다면 한계를 인정하고 균형을 다시 잡아야 합니다.

우울

균형이 깨지면 이전과 동일한 방식의 효과가 예전 같지 않고, 긍정적인 결과가 줄어듭니다. 즉 업무에서 성취감이나 주변 사람들과 관계에서 오는 유대감과 친밀감 등 일상에서의 만족과 즐거움 등이 줄어듭니다. 우울감이 지속되면 딱히 즐거운 것도 없고 나쁜 것도 없이 의욕과 생기가 없고, 세상과 자신에 대해서 부정적이고 비관적으로 바라보게 됩니다.

결혼 3년차인 미순씨는 죽고 싶다는 생각을 하고 있는 자신이 무섭습니다. 어린 아들을 둔 엄마로서 이런 생각을 하고 있다는 것이 놀랍고, 자신이 너무 못난 것 같습니다.

미순씨의 우울감은 결혼 후에 조금씩 시작되었습니다. 사실 연애를 7년이나 하고 결혼해서 서로 안 맞을 것이라고는 전혀 생각하지 못했었습니다. 결혼 후 남편은 생활비를 벌어오고 가사와 육아를 함께했는데, 그것이 전부였습니다. 미순씨는 둘만의 시간을 갖기를 원했지만, 남편은 의무병처럼 할 일을 다 하는 데만 집중했습니다. 돌이켜보니 연애할 때에도 미순씨가 주로 일정을 짜면서 데이트를 주도했고, 남편은 그저 성실하게 따라다녔던 것 같습니다.

주변에서는 평탄한 결혼생활로 보는데, 미순씨는 마음이 시들어가는 것 같은 느낌이었습니다. 미순씨의 마음을 이해하는 친구는 남편과 얘기를 해보라고 했지만, '문제는 남편이 아니라 결혼생활에 적응하지 못하는 자신'이라고 생각했습니다. 남편은 성실하게 자기 역할을 하고 있는데, 거기에 만족하지 못하고 연애시절의 애틋한 감정을 포기하지 못하는 것이 문제인 것 같아서 그냥 참고 지내려고 했다고 합니다. 그런데 시간이 지날수록 점차 생기가 사라지고, 무의미하다는 생각이 들고, 아들을 돌보는 것도 버겁게 느껴지더니 '이렇게 살아서 뭐하나' 하는 생각까지 든다는 것입니다.

연애를 오래 했더라도 이상적인 가정모습에 대한 기대는 서로 다를 수 있습니다. 미순씨가 '그냥 참아보는 것'이 아니라 남편에게 자신이 원하는 바를 이야기했더라면 어땠을까요? 남편이 받아들이지 않고 갈등과 다툼이 생겼을 수도 있습니다. 갈등과 다툼을 통해서 서로 이해했을 수도 있고, 차이를 좁히지 못하고 만족스러운 관계를 얻지 못했을 수도 있습니다. 결과가 어떤 모습이더라도 변화가 있었을 것이고, 우울감이 깊어지기 전에 새로운 균형을 찾을 기회가 있었을 것입니다.

수영씨는 화가 났다가 우울했다가 하는 감정의 기복 때문에 요즘 혼란스러웠습니다. 감정의 혼란을 따라가보니 직장 사람들과의 관계와 관련이 있었습니다. 이전 부서는 개인영역을 존중하고 업무 관련 얘기만 하면 되는 분위기였는데, 현재 부서는 사적인 얘기를 공유하고 개인사에 대해 조언할 정도로 친밀하게 지낸다고 했습니다. 수영씨는 이전 부서의 분위기와 더 잘 맞는 편이라, 지금 부서의 상사나 동료들과는 거리를 두고 지내고 있었습니다.

그런데 이렇게 지내다 보니 다른 부서원들에 비해 친하지 않고, 그것이 평판이나 평가에 부정적인 영향을 줄까봐 염려가 되었습니다. 말하자면 수영씨는 부서에서 아웃사이더가 되고 싶지는 않았지만, 다른 사람들이 하는 것처럼 자신을 개방하고 다가가고 싶지는 않았습니다.

수영씨 앞에는 좋은 평판을 들어야 한다는 목표를 조정하거나 지금 부서의 문화에 맞추어서 관계 맺는 방식을 수정해야 하는 두 가지 대안이 있는 셈이었습니다. 마음이 안정되기 위해서는 어느 쪽을 포기해야 했지만 그게 쉽지 않았고, 두 가지 마음을 오가는 시간이 지날수록 감정은 점차로 더 혼란스러워지고 있었습니다.

중요하게 여기는 가치를 내려놓는 것도, 익숙하게 지내던 관계방식을 수정하는 것도 모두 쉬운 일이 아닙니다. 어느 한 가지를 선택해야 하는 상황에 놓인 것은 안타까운 일이지만, 두 가지를 모두 가질 수 없음을 인정하지 않으면 긴장감은 점차 커지고, 무기력감은 더 심해집니다.

불안과 걱정

새로운 변화에 맞는 평형을 찾지 못한 상태가 지속되면 마음은 불안해지기도 합니다. 제대로 되어가고 있지 않다는 느낌이 있다면, 이를 직면해야 해결할 수 있습니다. 하지만 문제가 있음을 부인하거나 해결하지 못할 것 같은 두려움으로 마주하지 않고 미뤄두고 피하면 그 긴장감은 내 마음을 계속 흔듭니다.

지훈씨는 최근 걱정이 많아지고, 잠을 잘 수가 없었습니다. 스펙이 좋은 것도 아닌데 운 좋게 지금 회사에 입사했고, 그것을 만회하기 위해서 입사 2년 동안 정말 열심히 일했습니다. 미처 배우지 못했던 기술이 업무에서 활용되는 것 같으면 따라잡기 위해서 따로 공부하고 연습해서 일할 때는 마치 이미 알고 있었던 것처럼 당당하게 보이려고 노력했습니다. 평가에서 좋은 고과를 받았고, 인정을 받았다는 것이 좋았습니다.

그런데 최근에 업무가 바뀌었습니다. 회사에서 자신을 좋게 보고 있으니 기대를 하고 있을 것 같은데, 그 기대를 충족시키지 못하면 어쩌나 싶어 걱정이 되기 시작했습니다. 못해내면 어쩌나 하는 걱정에 새벽까지도 이런 저런 생각이 많아지고 잠을 제대로 잘 수가 없게 된 것입니다. 잠을 못 자니 다음날 출근해서 업무의 질이 현저하게 떨어졌고, 그 날 밤이면 실수한 일들이 떠올라서 다시 잠을 못자는 악순환이 반복되었습니다.

열심히 노력해서 좋은 평가를 받을 만큼 성과가 있었지만, 지훈씨는 이제 좀 지쳐있었습니다. 처음의 열의와 에너지가 넘치던 상태가 아니라서 그만큼 해낼 자신이 없었습니다. 아직 오지 않은 미래는 누구도 알 수 없습니다. 잘될 수도 있고, 그렇지 않을 수도 있음을 인정해야 하는데, 부정적인 가능성은 외면하고 싶었습니다. 이번에는 어쩌면 이전만큼 좋은 평가를 받지 못할 수도 있다는 예감이 들 때마다 지훈씨의 마음은 불안했습니다.

창호씨는 출근하는 지하철에서 식은땀이 나고 가슴이 뛰더니 정신을 잃을 뻔했습니다. 이러다 죽는 건가 싶을 정도로 놀라 병원에 가니 공황장애라는 진단을 받았습니다. 이후에 다시 발작이 올 것이 두려워서 마음대로 내릴 수 없는 버스나 지하철 같은 대

중교통은 탈 수가 없었습니다.

건강이 안 좋다고 느끼기 시작한 것은 1년 전에 신규 프로젝트 님을 받은 이후였습니다. 상사와 자신이 생각하는 방향이 달랐는데, 상사가 창호씨의 의견대로 끌고 갈 수 없도록 막으면서도 그 결과는 책임지지 않으려는 무책임하고 이중적인 태도에 화가 많이 쌓여 있었습니다. 하지만 중요한 프로젝트를 맡겨준 상사와 부딪히고 싶지 않은 마음에 내색하지 못했고, 어디에도 그 답답함을 털어놓지 못한 채 수개월을 지나온 터였습니다. 본인의 생각으로는 프로젝트가 제대로 되어가지 못할 것이 예견되는데도 불구하고 상사와 대립하는 것을 피하려고 억누른 감정은 결과적으로 창호씨의 건강을 크게 해치는 결과를 가져오고 말았습니다.

중독 - 잘못된 선택

불균형이 지속되어 나타나는 또 다른 모습은 중독입니다. 자신의 삶에 해가 되는 방식임에도 불구하고 벗어나지 못한 채 그 방식에 집착하는 것입니다.

금자씨는 깔끔하고 정리정돈을 좋아합니다. 깔끔하게 정돈된 모습은 그녀에게 짜릿한 쾌감을 주는지라 결혼 후에도 청소와 정리는 남편에게 맡기지 않고 스스로 하는 것을 즐겼습니다. 그런데 아이를 낳은 후에는 정돈해야 할 분량이 몇 배로 늘어났습니다.

퇴근 후에 아이를 씻기고 먹이고 재우면서 평소처럼 집안을 깔끔하게 유지하려고 하니 새벽이 되어서야 간신히 잠들 수 있었습니다. 잠자는 시간이 충분하지 않으니 다음날 회사에서 피곤했고, 아이와 남편에게 짜증을 내는 일이 잦아졌습니다. 그럼에도 그녀는 '깔끔하고 정돈된 공간'을 관리하는 것을 포기할 수 없었습니다.

애초에 정리정돈은 금자씨에게 긴장을 풀고 즐거움을 주는 수단이었지만, 이제는 생활의 가장 중요한 목적이 되어버렸습니다. 더 이상 즐거움을 주지도 않고, 자신과 주변 사람들에게 도움이 되는 것도 아님에도 불구하고 정리정돈에 강박적으로 집착하고 있는 것입니다.

경력 4년차인 민수씨는 지금 직장이 세 번째인데, 다시 이직을 고려중입니다. 주변에서 잦은 이직은 평판을 떨어뜨린다면서 만류하고 있는데, 본인은 좀 더 도전적인 업무를 하고 싶습니다. 이 직장에 온 지 1년이 되니까 업무에 적응이 되어 초기와 같은 설렘이 사라졌습니다. 설레고 흥분되지 않는 일은 흥미가 없고, 급여나 처우가 충분하지 않더라도 새로운 일을 찾아서 직장을 옮겨왔습니다.

민수씨가 계속 '설렘'을 업무에서만 찾고 이직을 통해서 해결하려고 한다면 경력의 가치는 떨어질 것입니다. 지적인 능력만큼이나 끈기와 같은 성격특성도 선발에서 고려하는 조직 적응 예측의 중요한 요인이기 때문입니다. 그가 자신의 가치를 제대로 인정받기 위해서 설렘의 대상을 일 이외에 다른 여러 가지로 다양하게 가지는 것이 필요합니다.

일은 중요한 부분이지만, 그것이 삶의 전부는 아닙니다. 취미나 자격 취득 같은 새로운 도전의 기회를 만들어보는 것도 좋습니다. 취미나 자격 취득이 업무에서의 인정만큼 쾌감을 주지는 못하더라도 일에 쏠려 있는 주의를 분산시켜서 삶의 전체적인 균형을 돌아보게 하는 데는 도움이 됩니다.

처음에는 긴장을 풀고 즐거움을 얻기 위한 수단이었던 대상이 점차로 삶의 목적이 되기도 합니다. 예를 들면 술을 마시다가 다음 날 출근을 하지 못하거나, 밤새 게임을 하느라 다른 일상생활을 하지 못하는 것입니다. 일시적으로는 마음의 안정을 주는 것 같지만, 결과적으로는 삶의 균형을 해칩니다.

혜미씨는 마음이 울적하면 인터넷 쇼핑을 하는 것으로 기분을 달렸습니다. 쇼핑몰에 들어가 신상품을 사고, 택배가 도착하기를 기다리고, 상품을 개봉해서 새 옷을 입으면 울적하던 기분과 답답한 일상을 잊어버릴 수 있었습니다. 그런데 택배가 도착하기를 기다리는 시간이 점점 지루하게 느껴지고, 택배도착 안내문자가 오지 않는 날은 무언가 마음이 허전하기도 했습니다.

혜미씨의 취향을 파악한 알고리즘은 매력적인 상품을 자꾸 추천하고, 한번 구경만 하자고 들어가면 충동적으로 상품을 구매했습니다. 급기야 신용카드 결제액은 그녀의 월급수준을 넘어섰고, 급기야 카드대금을 메꾸기 위해 이번 달에 직원신용대출을 받았습니다.

혜미씨는 우수한 성적으로 입사해서 회사의 기대를 받는 재원이었습니다. 핵심부서로 배치되어 신입사원임에도 불구하고 난이도가 있는 업무를 받았는데, 그녀는 그 기대를 맞출 자신이 없었고 좋은 결과를 내지 못할 것이 두려웠습니다. 소극적으로 마지못해 하긴 했지만 일의 결과는 좋지 못했고, 상사는 그녀를 향해 실망감을 드러냈습니다.

사실 혜미씨는 업무에 대한 긴장감과 자신에게 주어지는 높은 기대에 대한 부담감이 컸습니다. 그녀가 울적한 마음을 달래려고 시작한 쇼핑은 전반적인 삶의 안정을 흔들고 있습니다. 처음에 기분이 침체된 이유를 직면하고 건강한 균형을 맞추려고 하지 않고 편식적인 즐거움을 추구하는 활동에 몰입한 탓입니다.

선호씨는 술이 없으면 잠을 자기 어렵고 과음하는 날이 잦아졌습니다. 원래 술을 즐기기는 했지만 모임이 있을 때 마시는 정도였는데, 최근에는 혼자서 많이 마시는 날이 많습니다. 업무 조정 후에 담당한 일이 마음에 들지 않았지만 상사와 대립하고 싶지 않아서 그냥 참고 있는 중이었습니다. 나름 중요하다고 생각되는 일을 주로 담당했는데, 조정된 업무는 사소한 업무인 것 같아서 스스로가 초라하게 여겨지고 자존심이 상했습니다.

그런데 술이 한 잔 들어가면 기분이 풀리고, '뭐 살다 보면 이런 저런 다양한 일을 하게 되는 거지' 하며 대수롭지 않게 넘길 수 있게 되어 좋았고, 그 기분을 느끼고 싶은 마음에 매일 술을 찾았습니다. 매일 마시는 술에 다음날 피곤이 누적되고, 지각이나 예정에 없던 갑작스런 연차를 내는 일이 많아지면서 평판이 안 좋아지게 되었습니다.

불필요하고 잡다한 생각을 줄여주는 데 술이 처음에는 도움이 되지만, 그것이 해결책이 되어주지는 못합니다. 알코올은 잠시 긴장을 풀어줄 수는 있지만, 그것이 목적이 되고 나면 불균형은 더 악화됩니다.

　무엇인가에 몰입하는 것은 즐거운 경험입니다. 몰입할 수 있는 대상이 있다는 것은 삶을 활기차고 의미 있게 만들어줍니다. 하지만 그것이 근본적인 해결은 되지 못합니다. 잠시 즐거움과 안정을 주는 수단이 아니라 삶의 목적이 되는 것은 결코 건강한 균형이 아닙니다.

- 지금 불편함이 있다고 해도 이를 무시하고 현재를 유지하게 하는 가장 큰 유혹은 익숙함입니다.

- 관계에서 갈등이 일어나는 이유 중의 하나는 상대방의 특성 이나 반응을 고려하지 않고 본인이 하던 방식을 고집하기 때 문입니다.

- 환경이 변했다면, 기존 방식의 효과는 동일하게 나타나기 어 렵습니다. 학교와 기업의 목표가 다르고, 실무자와 리더의 역 할이 다르니, 그에 맞게 행동방식도 재조정되어야 합니다.

- 과거에 성공적 결과를 얻었다면, 그 '방식' 자체가 아니라 그 것을 고안하고 수행했던 나의 역량을 믿어보세요.

- 책임감은 바람직하고 칭찬받아야 할 덕목이지만 남을 위한 것만은 아닙니다. 자신의 건강과 안녕을 유지해야 하는 책임 도 있습니다.

- 차라리 교통사고가 나서 쉬었으면 좋겠다고 바랄 만큼 휴식이 절실하다면 회사와 업무에 대한 책임은 직장인으로서 다하고 있을지 모르지만, 자신에 대한 책임은 소홀하게 하고 있는 것입니다.

- 번아웃에서 벗어날 수 있는 방법은 휴식입니다. 에너지를 충전하고 나에게 맞는 속도와 기준을 다시 재정비해야 합니다.

- 불균형이 지속되어 나타나는 또 다른 모습은 중독입니다. 자신의 삶에 해가 되는 방식임에도 불구하고 벗어나지 못하고 그 방식에 집착하는 것입니다.

- 일은 중요한 부분이지만, 그것이 삶의 전부는 아닙니다. 취미나 자격 취득 같은 새로운 도전의 기회를 만들어보는 것도 좋습니다.

─────────── 우리는 모두 각자의 삶에서 중요하게 여기는 가치가 있습니다. 어떤 사람이 되고 싶고, 어떻게 살기를 원하고 지향하며, 그 가치에 기반을 두고 판단하고 행동합니다. 하지만 그 가치를 적용하고 운용함에 있어서는 상황과 조화가 필요합니다.

상황이나 대상과 조화를 이루지 않고 원칙만을 고수하게 되면, 우리의 삶은 한쪽으로 쏠려 균형을 잃고 흔들립니다. 내가 지향하는 삶의 가치를 유지하되 내게 주어진 상황과 역할에 따라 변화할 수 있는 여지를 열어두고 균형을 찾아가보세요.

3장

내 삶의 가치 안에서
균형
찾아가기

이성과 감정의 균형,
때론 감정적이어도 좋다

합리적인 면이 아무리 우수한 덕목이라고 해도 합리성에만 치우친다면 중요한 덕목인 감정교류는 잃게 됩니다. 따뜻한 감성과 조화를 이룰 때 냉철함이 비로소 매력적이라는 것을 꼭 기억합시다.

#. "저는 합리적이고 객관적인 사람입니다. 생각을 충분히 하지 않고 그 순간의 기분이나 감정에 따라 괜한 행동이나 말을 하는 건 어른답지 못하다고 생각합니다. 그런데 아내는 제가 합리적인 것만 지나치게 따진다며 어디 한 군데 부족한 사람 취급을 합니다. 아내 말로는 제가 감정을 이해하지 못한답니다. 좋게 말해서 감정이지 결국 자기변명에 불과한, 문제 해결에는 어떤 도움도 되지 못하는 쓸데없는 얘기를 굳이 왜 듣고 있어야 하는지 사실 납득이 되지 않습니다. 감정적이고 주관적 요소를 배제할수록 상황판단이 정확

해질 수 있다고 생각합니다. 지금까지 학교 다니고 직장생활 하면서 별 문제 없었고, 합리적인 면이 제 장점이라고 생각했습니다. 그런데 아내는 언제는 냉철하고 지적이라 좋다더니 요즘은 감정 없는 냉혈한이라는 비난까지 합니다. 제가 도대체 뭘 잘못한 걸까요?"

우리는 사고와 감정, 이 두 가지 모두를 가지고 있습니다. 어떤 것을 더 중시하는지는 개인의 가치관과 성향에 따라 차이가 있겠지만, 어느 것이 더 우월하거나 열등하다고 할 수는 없습니다. 두 가지 모두 필요하다는 것은 잠시 잊고, 주어진 상황과의 어울림을 무시한 채 두 가지 중에 자신에게 더 익숙한 한 가지만을 고집하게 된다면 갈등이 생길 가능성이 많아집니다.

예컨대 부부관계는 비판과 분석이 아니라 따뜻한 감정을 교류하고 지지하는 것이 주요한 관계입니다. 아내의 말을 이성적 관점에서만 보면 문제해결에 도움이 되지 않는 자기변명에 불과할 수 있지만, 감정적 관점에서 보면 아내의 정서적 안정에 필요한 남편의 지지를 구하려는 표현입니다.

합리적인 면이 아무리 우수한 덕목이라고 해도 사고와 감정 간의 적당한 균형을 잃고 합리성에만 치우친다면 부부간의 중요한 덕목인 감정교류는 잃게 됩니다. 따뜻한 감성과 조화를 이룰 때 당신의 냉철함이 비로소 매력적일 수 있다는 것을 기억하면 좋겠습니다.

이성과 합리의 가치

우리는 이성적이고 합리적으로 사고하고 행동하라고 교육받습니다. 그래서인지 "당신은 감정적인 사람인 것 같습니다"라는 말보다는 "당신은 합리적인 사람입니다"라는 반응이 좀 더 칭찬처럼 들립니다. 대부분의 경우에 사람들에게 더 바람직하다고 여겨지는 것은 감정을 자제하고 이성적 판단에 초점을 맞추는 것입니다.

점차 나이를 먹으면서 내가 원하는 것을 항상 가질 수는 없고 감정이 내키는 대로 행동할 수 없다는 것을 배워가고, 욕구와 감정을 조절하는 것이 필요하다는 것을 깨닫습니다. 어른이 된다는 것은 어쩌면 내가 원하는 것을 모두 다 가질 수 없다는 것을 알게 되는 것입니다.

이룰 수 없는 감정에 휘둘리지 말고, 그 감정에서부터 속히 빠져나와서 객관적이고 논리적인 판단을 내리는 것이 어린이에서 어른이 되는 길입니다. 어른이 된다는 것은 개인적인 욕구보다는 주어진 책임에 충실하고, 현재의 즐거움을 추구하기보다 더 나은 미래를 위해서 준비하는 것일 테니 말입니다.

그래서 감정보다 이성에 초점을 맞추는 행동은 대부분 긍정적으로 평가됩니다. 감정을 숨기지 못하고 드러내는 바람에 대인관계에서 종종 트러블이 있는 A씨는 동료인 Y씨가 부럽습니다. A씨는 무리한 요구를 하는 고객을 응대하다 보면, '날 뭘로 보고 저러나' 싶은 생각에 맞대응해서 언성이 높아지고 문제가 발생하고는 합니다. 그런데 Y씨는 고객이 뭐라고 하든지 별로 불쾌한 내색을 하지 않고 늘 차분합니다. Y씨는 고객은 고객일 뿐이고 나는 보수를 받는 만큼 내 역할을 하는 것뿐이니 '나를 뭘로 보나' 같은 비약은 본인에게 도움이 되지 않는 비합리적인 쓸데없는 생각이라고 A씨에게 조언해주고는 합니다. A씨는 열 받는 그 순간에 그렇게 차분하고 합리적으로 생각할 수 있는 Y씨가 정말 부럽습니다.

복잡한 업무 상황이 발생했을 때에도 감정을 배제하고 이성에 초점을 맞추는 것은 문제해결에 효율적입니다. Y씨는 업무처리가 빠르고 신뢰할 수 있는 사람이라고 정평이 나 있습니다. 얼마 전에는 옆 부서와 업무가 꼬여서 복잡한 상황이 있었는데, Y씨는 양측이 원하는 바를 정리하고 중재안을 제시해 타협을 이끌어냈습니다. 상한 감정을 얘기하느라 시간을 보내지 않고 문제해결을 위한 객관적인 부분만 논의하는 그의 방식은 더 이상의 갈등을 만들어내지 않고 꼬인 상황을 매듭짓는 데 크게 도움이 되었습니다.

Y씨의 경우처럼 감정을 배제하고 이성적인 판단을 내리는 것은 학업이나 업무 등 성취 장면에서 성과를 만들어내는 데 효과적입니다. 주어진 상황에서 핵심 문제를 파악하고, 이를 가능한 빠르게 해결하는 것은 성과창출의 결정적인 요소가 됩니다. 성공경험은 이성 중심적인 사고패턴의 효과를 증명해주고, 이는 점차로 강화됩니다.

이성은 항상 옳은가

그런데 이성적 접근이 모든 상황에서 항상 성공적인 것은 아닙니다. 예컨대 성취나 성과가 아닌 인간관계 장면에서는 감정적인 요소가 배제할 수 없는 중요한 요소가 됩니다. 말하자면 합리적인 관점에서는 매우 훌륭한 행동임에도 불구하고 상대방에게 상처를 주기도 하고, 갈등을 불러일으키며, 성공적인 관계형성을 방해하기도 합니다.

이성적인 태도가 오히려 갈등을 일으키는 대표적인 상황은 부부관계입니다. 자신을 이해해주지 못하는 배우자에 대한 불만은, 논리적으로는 타당하더라도 정떨어지는 그들의 태도에 대한 것들입니다.

남편에 대한 불만을 얘기하던 30대 아내는 남편이 시댁에 대한 얘기는 들으려고 하지도 않는다며 소통이 되지 않는다고 합니다. 시어머님의 잔소리가 듣기 싫다고 하면, 남편은 "자식들을 걱정해서 하는 말씀이고, 70년이 넘게 그렇게 살아오신 분이니 이제 와서 성격을 바꿀 수 없다"라고 말합니다.

시어머님이 말씀하시는 의도는 부모의 애정임을 알고, 다른 방식으로 말하는 것을 배우시기에는 이제 늦었다는 것도 구구절절 맞는 말이고 이성적으로는 이해하지만, 그렇다고 마음의 불편함이 바로 사라지는 것은 아닙니다. 공감을 바라던 아내는 따박따박 옳은 얘기만 읊어대는 남편이 얄밉고, 내 편이 아닌 것 같아 점점 사이가 멀게 느껴집니다.

합리적 태도는 객관적인 분석을 통해 개선점을 찾아줍니다. 하지만 분석과 비판은 동전의 양면과 같아서 북돋아줘야 할 자신감의 싹을 잘라버리기도 합니다.

아내가 세일기간을 통해서 평소보다 저렴한 가격으로 아이의 운동화를 구입해왔습니다. 한정된 시간에 상품 개수를 제한해서 판매하는 것을 공들여 사온 터라 아내는 알뜰쇼핑을 했다는 뿌듯함과 아이가 원하는 새 운동화를 사줬다는 기쁨에 남편에게 자랑스럽게 구매 무용담을 얘기했습니다.

그런데 남편이 보기에는 인터넷으로 최저가를 검색해서 구매했다면 비슷한 가격으로 구할 수 있었을 것이므로 아내가 사람들이 혼잡한 타임세일에서 땀을 흘려가면서 그렇게 공을 들일 필요는 없었을 것 같았습니다. 아내가 알뜰하고 현명하다고 하기에는 불필요한 에너지를 소비한 다소 미련한 방법이었던 셈입니다. 다음 기회에는 또 다시 그런 비효율적인 행동을 하지 않도록 합리적이고 편리한 대안을 인지시키는 것이 필요하다고 남편은 생각했습니다.

남편의 조언은 합리적 대안을 알려주었을 수는 있겠지만, 아내의 뿌듯함에는 찬물을 끼얹었습니다. 아내는 토라졌고, 남편은 '옳은 말'을 했는데 받아들이지 못하는 아내의 편협함이 마음에 들지 않았습니다.

아내는 구매의 합리성에 대한 객관적 평가만이 아니라 아이를 위해서, 그리고 알뜰한 살림살이를 위한 자신의 노력에 대해 인정을 받고 소소한 기쁨을 공유하고자 하는 마음이 있었을 것입니다. 비록 남편의 조언은 이성적 측면에서는 훌륭하지만 아내의 감정은 전혀 헤아리지 않은 것입니다.

두 사람은 서로 다른 코드로 얘기합니다. 남편은 합리성을 추구하고 예외를 두지 않습니다. 그는 직장에서는 존경받는 상사에 신뢰할 수 있는 직원이지만, 그의 코드가 감정적 교류가 우선인 아내와의 관계를 돈독하게 하는 데는 효과적이지 않습니다. 아내는 남편의 분석과 판단이 합리적이라는 점은 잘 알고 있지만, 효율과 합리라는 관점보다는 두 사람 사이의 친밀감에 얼마나 효과적일지도 고려해달라고 하소연합니다.

어떤 장면에서는 좋은 선택이지만, 다른 장면에서는 그렇지 않을 수 있습니다. 상황 조건을 충분히 고려하지 않고, 한 가지 방식을 고집할 때 문제가 발생하게 됩니다. 상황에 따라서 자신을 조율하고 맞추어가는 것, 새롭게 변화된 상황 속에서 새로운 균형점을 찾아가는 유연한 태도가 중요합니다.

균형과 조화 찾아가기

그렇다면 우리가 상황과의 조화와 균형을 무시한 채 이성과 합리에 지나치게 치우치게 되는 것은 왜일까요?

이성과 합리에 대한 맹신으로 우리를 이끄는 것은 감정은 쓸모없고 조절되어야 하는 대상이라는 생각입니다. 객관적인 판단과 평가가 중요한 상황이라면 이성적인 판단이 중시되어야 할 것입니다. 하지만 감정적 교류와 친밀감의 공유가 중요한 인간관계에서는 상대방의 마음을 이해해주고, 그것을 위해서 비합리적인 행동까지도 기꺼이 하게 됩니다.

사실 연인을 기쁘게 하는 많은 행동들은 비합리적입니다. 집으로 가는 길에 더 오래 있고 싶어서 돌아가고, 곧 시들어 버릴 것이 분명한 꽃을 한다발 가득 선물하고, 소문이 과장되었을 것이 뻔한 TV 추천 맛집을 찾아가느라 시간을 씁니다.

비합리적이고 비효율적인 행동임에도 불구하고, 사랑하는 사람과 함께함으로써 얻는 기쁨이 충족감을 줍니다. 이성적 관점에서 보면 어리석을 수 있지만, 감성적 관점에서 보자면 충분히 가치 있는 행동이 됩니다. 관계의 형식에 따라, 혹은 처해진 상황에 따라 이성과 감성적인 가치의 비중은 달라질 수 있습니다.

말하자면 시댁에 대한 서운함을 가진 아내가 기대하는 것은 상황에 대한 객관적인 분석과 판단은 아닙니다. 남편의 설명이 합당하다는 것을 잘 알고 있지만 그렇다고 해도 삼성이 바로 사라지는 것은 아닙니다.

과제가 아닌 인간관계에서는 분명하게 개선하거나 해결할 수 없는 문제가 더 많습니다. 가족관계와 같이 상대방의 입장을 받아들이고 수용해야 하는 문제 상황이라면 이성적이고 객관적인 분석보다는 수용의 폭을 넓힐 수 있는 심리적인 지지와 이해가 도움이 될 것입니다.

 체크 포인트

지금 주어진 환경 속에서
이성과 감정의 균형을 이루고 있나요?

1. 신속한 문제해결이 중요한 상황인가요?
2. 문제해결의 과정을 공유하는 것이 중요한 상황인가요?
3. 주어진 상황에서 감정적인 요소들이 무엇이 있나요?
4. 객관적 원칙과 주관적인 만족 중에 무엇이 더 중요한 상황인가요?
5. 상황의 감정적인 요소들을 고려하고 있나요?

일과 휴식의 균형,
쉬는 것을 어려워 말자

자기성장을 위해 부단히 노력하고 주어진 책임을 성실하게 다하는 것은 바람직한 덕목이지만, 휴식과 적절한 균형이 이루어지지 않는 다면 오래 지속될 수 없습니다.

#. "선생님, 회사에서 매일 해야 할 업무가 있고, 건강을 위해 적당한 운동도 해야 하고, 미래를 위해 외국어를 비롯한 자격시험 준비도 해야 하는데, 오늘도 그걸 모두 다하지 못했어요. 매일 분량을 다하지 못한 과제가 쌓여가고 있는 것 같아서 마음이 불안합니다. 피곤하고 지쳐서 쉬고 싶은 마음도 있지만, 할 일도 못해놓고 시간을 허비해서는 안 될 것 같아요. 아무것도 하고 있지 않으면 '내가 이러고 있어도 되나' 하는 생각이 들고, 무언가 잘못하고 있는 것 같은 죄책감까지도 들어요. 해야 할 것들을 제대로 못하고 자꾸 쌓아

놓는 무기력한 제 모습이 한심합니다. 이런 나약한 저를 어떻게 해야 좋을까요?"

매일 해야 한다고 정해놓은 것들이 꽤 여러 가지가 있습니다. 주어진 하루 동안 업무, 운동, 자기계발 모두를 충분하다고 생각하는 수준만큼 해내는 것이 과연 가능할까요?

물리적으로 주어진 시간에 비해서 목표분량이 지나치게 많은 것은 아닌지 점검해보는 것이 우선 필요합니다. 만일 목표가 비현실적으로 높다면 채우지 못하는 것은 지극히 당연하고, 목표를 현실적으로 조정하는 것이 필요할 것입니다.

무엇보다도 이 계획에는 휴식이 들어 있지 않습니다. 기계라 할지라도 적당한 휴식시간을 주지 않으면 과부하가 걸립니다. 휴식은 기분을 전환하고 에너지를 충전시켜 다시 일에 몰입할 힘을 주는 필수적인 요소입니다.

자기성장을 위해 부단히 노력하고 주어진 책임을 성실하게 다하는 것은 바람직한 인생의 덕목이지만, 휴식과 적절한 균형이 이루어지지 않는다면 결코 오래 지속될 수 없다는 것을 기억했으면 합니다.

일의 가치

맡은 바에 성실하고 책임감이 강하다는 것은 바람직하다고 인정되는 덕목입니다. 허투루 시간을 보내지 않고 알차게 보내기 위해서 구체적이고 체계적으로 계획을 세우라고 교육받습니다. 실제로 목표가 있는 사람은 단기적 혹은 장기적인 목표를 세우고 그것을 달성하기 위해서 노력하며, 그렇지 않은 사람에 비해서 성공할 가능성이 더 높습니다.

'목표를 정하고 그에 따른 계획을 세우고 성실하게 실천하라'는 지침은 배변훈련을 마치고 사회화 과정이 시작되면서부터, 그러니까 훈육이 시작될 때부터 우리가 교육받는 것입니다. 초등학교에 입학한 후부터 준비물과 숙제를 미리 챙기고, 시험에 대비해서 미리 학습지를 풀고, 거기에 선행학습까지 잘 따라간다면 모범적이고 착한 아이로 어른들에게 칭찬을 받습니다. 부모와 선생님의 기대와 칭찬, 그리고 만족스러운 시험점수라는 보상까지 받게 되면 목표설정과 계획과 실천은 의심할 여지없이 지키고 유지해야 할 원칙이 됩니다.

부모의 다른 형제자매와의 비교처럼, 주변에서 바람직하다고 인정하는 기준도 이런 가치를 자연스럽게 받아들이는 데 한몫을 합니다. 불안하고 걱정이 많아서 상담실을 방문한 한 여성 중년 임원은 두 아들 중의 막내아들에 대한 걱정도 그 불안의 한 부분을 차지하고 있었습니다. 큰아들은 대학에 입학할 때부터 진로를 정하고 계획에 맞추어 취업준비에 들어가서 걱정이 없는데, 둘째가 문제였습니다.

큰아들은 어릴 때부터 준비물을 챙겨가는 사소한 일부터 시험 준비까지 어디 손 가는 구석이 없었다고 합니다. 큰아들은 알아서 시간관리를 잘하고, 서울에 있는 좋은 대학교에 제 실력에 맞춰서 들어갔고, 취업을 목표로 늘 무언가를 하고 있어 안심이 되는데, 둘째는 형만큼 야무지지 못하고 계획적이지 않아 저대로 아무것도 이루지 못하게 될까봐 걱정되고, 그래서 나무라게 된다고 합니다.

아마도 큰아들은 어머니의 지지와 기대 속에서 더 열심히 목표를 향해 매진해나갈 것이고, 둘째아들은 자신은 형보다 부족하고 모자란 사람이라고 여기게 될지도 모릅니다. 부모의 지속적인 기대와 기준은 자녀들에게 강력한 암시가 되어 인생의 방향을 설정하고 자신의 모습을 찾는 데 중요한 영향을 미치게 되니 말입니다.

사실 중년임원은 큰 아들의 모습처럼 살아온 사람이었습니다.

어머니의 엄격하고 빡빡한 기대에 맞추면서 진학과 취업과 승진을 차근차근 통과해왔고, 이제 그녀는 부모에게 자랑스러운 딸이었고, 사회적으로 인정받는 지위를 획득했습니다. 그러나 그녀가 상담실을 찾은 것은 성공에 대한 행복과 자부심 때문이 아니라 실패에 대한 두려움과 쉼 없이 지내온 인생에 대한 피로감과 후회 때문이었습니다.

그런데 다른 관점에서 보면 큰아들이 또 걱정이었습니다. 둘째아들은 긍정적이고 유쾌해서 친구가 많고 사람들과 잘 어울리는 반면에, 큰아들은 준비성이 철저한 대신에 일이 계획대로 되지 않으면 스트레스를 크게 받고 예민해서 과연 사회생활을 잘할 수 있을지 불안했습니다.

성실하고 책임감 있으며 자기관리에 철저한 사람은 주변의 신뢰와 인정을 얻습니다. 앞의 경우처럼 부모 입장에서 혹은 친구나 동료 입장에서 보면 바람직하고 호감 가는 덕목이 아닐 수 없습니다. 집에서도 학교에서도 직장에서도 성실하고 책임감이 있는 사람은 인정과 칭찬을 받습니다. 놀고 싶지만 참고, 좀 천천히 쉬엄쉬엄 가고 싶어도 '좋은 사람'이 되기 위해서 자신을 채근해 갑니다.

그런데 자신을 채근하는 정도가 심해진다면, 그래서 성실하고

자 하는 좋은 마음이 적당한 휴식 없이 이어진다면 과연 어떻게 될까요?

휴식의 가치

사람은 기계가 아닌지라 하고자 하는 마음, 즉 동기가 유발될 때 업무에도 더 잘 몰입하고 성과를 낼 수 있습니다. 잘 쉬는 것은 마음의 컨디션을 관리해주고 지친 마음을 회복시켜서 동기를 회복시켜줄 수 있습니다.

쉬지 않고 돌아가는 기계가 타버리듯이, 팽팽하게 바람이 찬 풍선이 쉽게 터져버리듯이, 만일 사람도 적절한 휴식 없이 일만 하게 된다면 소진되어버리고 맙니다. 이런 심리적 소진상태를 '번아웃 증후군'이라고 하는데, 누적된 심한 피로감으로 매사에 무기력하고 의욕을 잃은 상태라고 할 수 있습니다. 집중력도 예전 같지 않고, 자신과 미래에 대해서도 부정적인 생각에 치우치기 쉽습니다.

열심히 달려온 관성에 본인의 의지를 잃은 채 지쳐 쓰러질 것 같지만, 속도를 조절하지도 못하고 멈추지도 못하는 내담자를 종종 만납니다. 어떻게 천천히 가야 하는지 방법을 모르겠고, 잠시 멈추면 무슨 일이 일어날 것인지 두렵습니다. 그들이 지쳐 쓰러질 것 같으면서도 어찌 하지 못하고 쏠려가는 것은 지금까지 한 번도 천천히 가거나 멈추어본 적이 없기 때문입니다. 아무도 그렇게 해도 된다고 얘기해주지 않았습니다. 빠르게 가는 것은 칭찬하지만 쉬었다 가는 것은 염려하고 걱정합니다.

#1. "요즘은 업무에 예전처럼 집중할 수가 없습니다. 정신을 차려보면 멍하게 앉아있고는 하는데, 그런 제가 정말 한심해보여요. 작년 말에 업무를 바꾸면서부터 일이 많아졌고, 그때부터 지금까지 제대로 쉬어본 적이 없는 것 같습니다. 휴가를 가도 '회사로 돌아가면 일이 밀려 있겠지' 하는 생각에 마음이 편치 않아요. 차라리 출근하는 것이 마음이 편합니다."

#2. "몸은 퇴근을 해도 정신은 퇴근이 안 됩니다. 집에 가서도 업무 생각이 자꾸 나고, 오늘 마치지 못한 일을 생각하고, '내일은 무얼 해야 하나'를 미리 생각합니다. 생각이 많아서인지 요즘 잠을 제대로 못 잡니다. 새벽에 자꾸 깨고, 한 번 깨면 이런저런 생각에 다시 잠을 못 드니 출근해도 머리가 맑지 않아요. '이러다 실수하면 어쩌나' 하는 걱정에 잠시도 긴장을 풀 수가 없습니다."

급격히 업무량이 늘어나서 쉴 틈이 없어서일 수도 있고, 새로운 업무에 적응하느라, 혹은 업무에 대한 책임감에서, 혹은 완벽을 추구하느라 자신의 에너지를 바닥이 보일 때까지 완전히 소진시켰을 수 있습니다. 에너지는 바닥이 보일 만큼 남지 않았고, 누적되어 온 긴장감은 톡 치면 넘칠 것처럼 찰랑거리다 보니, 평소 같으면 아무렇지 않게 넘길 만한 일이 버겁고 짜증도 쉽게 나게 됩니다.

에너지를 충전해주지 않고 소모하게 되면, 위의 두 사람처럼 업무능력은 오히려 저하됩니다. 제때 휴식하지 못하는 사람들은 대부분 그 중요성과 효과를 과소평가합니다. 어차피 해야 할 업무의 양은 동일한데 잠시 쉰다고 한들 해야 할 업무의 부담만 더 커질 것이라고 생각합니다.

장기간의 휴가나 근사한 여행을 해야 휴식이 된다고 여기기 때문에 아예 엄두를 내지 못하는 경우도 있습니다. 하지만 에너지를 채워주는 휴식의 효과가 그 기간이나 금전적인 투자와 항상 비례하는 것은 아닙니다.

에너지 충전에 도움이 되는 진정한 휴식이란, 단지 아무것도 하지 않는 것이 아니라 즐거움을 얻을 수 있는 것을 말합니다. 다시 말하면, 스트레스를 주는 활동을 안 하는 것이 아니라 즐거움을 느낄 수 있는 활동을 추구하는 것입니다.

몇 년 전에 어떤 기업과 행복지수 관련 프로젝트를 하면서 발견한 점은 삶에 대한 만족, 즉 행복감을 결정짓는 요인 중의 하나가 취미의 존재 여부라는 점이었습니다. 업무와 관계없이 개인적인 관심을 가지고 즐겨 하는 활동, 즉 취미가 있는 사람은 그것이 무엇이든지 간에 취미가 없는 사람에 비해서 행복감이 더 높았습니다. 취미가 없다고 해서 불만족이 더 크지는 않지만, 취미를 즐길 줄 아는 사람은 행복감이 더 높다는 것입니다.

취미는 휴식시간의 목적과 방향을 찾아주고, 정기적이고 꾸준히 몰입할 거리를 제공해준다는 점에서 도움이 된다고 볼 수 있습니다. 휴식 기간에 '그냥 있는 것'이 아니라 적극적으로 몰입할 대상이 있다는 점에서 긴장감을 완화시켜주고, 에너지를 충전시켜주는 것입니다.

취미라고 해서 반드시 비용이 많이 드는 것일 필요는 없습니다. 아무리 좋은 휴양지로 여행을 간다고 해도, 값비싼 장비를 갖추고 등산이나 낚시를 간다고 해도 마음이 함께 떠나지 못하면 휴식의 의미는 없습니다.

간혹 휴식을 또 다른 과업으로 여기고 완수하려는 경우를 봅니다. 해야 할 과제 리스트의 하나가 더 추가된 것으로 여겨 목표한 바를 달성하는 데 초점을 둔다면 새로운 긴장감을 가져올 수 있습니다. 비록 소박한 것이라고 해도 그것을 즐기기 위해서 기대하고 탐색하고, 그 과정의 즐거움을 느끼는 것이 의미가 있습니다.

휴식의 필요성과 효과까지 깨닫고 난 후 많은 사람들이 "그런데 제가 무엇을 할 때 즐거운지를 좀처럼 잘 모르겠습니다"라고 말합니다. 혹시 하고 싶은 것이 언뜻 떠오르지 않는다면, 지금부터 당신을 즐겁게 하는 활동이 무엇인지 마음을 탐색해보길 권합니다.

매사에 그렇듯이 나에게 맞는 휴식을 찾아가는 과정에도 연습이 필요합니다. 나는 무엇을 할 때 즐거움을 느끼는지, 무엇을 하고 싶었는지 돌이켜보면서 하나씩 시도해보세요.

휴식을 가로막는 마음의 원인

성취형 – '할 건 다하고 쉬어야지'

첫 번째 고려해볼 원인은 자신에 대한 높은 기준입니다. 흔히 성취지향적이고 완벽을 추구하는 사람들은 자신에 대해서 객관적으로 타당한 수준보다 훨씬 더 높은 수준의 기준을 가지고 평가합니다. 자신의 행동을 반추해 오류나 실수를 탐색하고, 같은 실수를 반복하지 않고자 하는 것은 물론이고, 별 문제없이 이루어낸 성과라고 하더라도, 그렇게 해서 주변에서 긍정적인 평가를 받았다고 하더라도 쉽게 만족하지 않습니다. 더 잘 할 수 있었다는 것을 스스로에게 인지시키면서 더 높은 곳을 향해, 그리고 더 완벽한 지점을 향해 노력합니다.

이러한 성향이 있는 사람들은 휴식이 중요하고 필요하다는 점은 인식하고 있지만, 휴식의 시점에 대해서는 완고한 편입니다. '좀 쉬고 싶다'는 마음이 들 때면, 동시에 '내가 뭘 한 게 있다고 쉬나?' 하는 냉소적인 비판이 동시에 일어납니다. 혹은 '지금 해야 하는 업무들을 어느 정도 마무리해놓고 그 다음에 쉬어야지' 하고 휴식을 유예시킵니다. 하지만 그때가 되면 다시 해야 할 일이 생기게 될 것임이 분명합니다. 마음의 기준을 현실화시키지 않으면 언제 쉬더라도 마음은 불편합니다.

배려형 – '동료들에게 미안해'

또 다른 원인은 타인에 대한 지나친 배려입니다. 회사생활에서 혼자 동떨어진 업무를 하는 경우는 거의 없으니, 한 사람이 빠지고 나면 다른 사람들이 어떤 방식으로든 영향을 받을 수밖에 없습니다. 그래서 휴가를 가기 전에는 업무에 공백이 생기지 않도록 업무와 관련된 동료들에게 미리 알려놓게 됩니다. 그것이 마치 폐를 끼치는 것처럼 여겨진다면 휴가를 간다고 하는 것이 마음이 편하기 어렵습니다. 예를 들면 "그들도 일이 많은데 나까지 일을 얹어주는 것이 미안해" 혹은 "다들 일하는데 나만 쏙 빠져서 편하게 놀고 오는 것이 염치가 없는 것 같아"라고들 얘기합니다. 지나친 유대의식과 지나친 배려가 자신에게 필요한 휴식을 가로막고 있는 것입니다.

이러한 마음을 지닌 사람은 동료가 쉬는 것에 대해서는 너그럽게 이해하는 것이 흔합니다. 타인의 부탁에 대해서는 너그러우면서도 자신이 남에게 부탁하는 것은 민폐라고 여긴다면, 휴식을 즐기는 것이 어려울 수 있습니다.

비관형 – '세상에 대한 부정적인 예상'

끝으로 주변 사람들에 대해 비관적이고 부정적으로 지각하고 있는 사람들의 경우 제대로 휴식을 갖는 것이 어렵습니다. 자신의 성과에 대해서 부정적으로 지각하고, 동료들도 자신에 대해 호의적이지 않다고 인식하고 있다면, 업무를 벗어나서 마음 편하게 휴식을 갖기 어렵습니다.

예를 들면 '내가 없는 사이에 무슨 일이 생겨도 동료가 챙겨줄 리가 없어' 혹은 '일을 이따위로 해놓고 무슨 휴가를 간 거냐며 과장님이 말하고 있을 거야'라는 생각들이 마음속에 일어난다면, 몸은 휴가지에 있다고 해도 마음은 여전히 사무실 안에 있는 것과 같습니다.

휴식을 위한 마음의 습관

단지 며칠 회사에 출근을 하지 않는다고 해서 이를 휴식이라고 할 수는 없습니다. 몸은 업무장면을 벗어나 있어도 마음의 긴장을 늦추지 않는다면 휴식이 주는 긍정적인 효과를 얻기는 어렵습니다.

휴식의 필요성과 중요성에 대해서는 모두 인식하고 있으면서도 좀처럼 긴장이 풀리지 않나요? 그렇다면 마음의 습관을 점검해보는 것이 필요합니다.

모든 습관과 마찬가지로 마음의 습관을 바꾸는 데는 꾸준한 연습이 필요합니다. 앞에서 언급한 세 가지 유형 중 자신에게 가까운 유형을 참고해, 내 안에 있는 긴장을 낮추고 휴식을 즐길 수 있는 마음의 습관을 길러보세요.

성취형

- 자신에 대한 평가기준을 현실화시킵니다. 현실적인 기준이란 '해야 하는 수준'이 아니라 상황을 고려해 '할 수 있는 수준'입니다.
- '더 잘 할 수 있었던 점'을 찾아내서 반성하는 것보다는 '자신이 이루어낸 점'을 탐색하고 격려합니다.

배려형

- 남을 돌보듯이 자신을 돌봅니다. 동료에게 미안한 마음이 든다면, 타인에게 적용하는 기준을 자신에게도 적용하고 있는지 돌이켜봅니다.
- 주변의 부정적 반응에 둔감해지는 연습을 합니다. 항상 좋은 소리만 듣고 세상을 살 수는 없습니다. 간혹 부정적 평가를 듣는다고 해도 전반적인 나의 평판이 달라지는 것은 아닙니다.

비관형

- 긍정과 부정의 균형을 맞추는 연습을 합니다. 습관이 부정적인 방향으로 기울어져 있다면, 의식적으로 긍정적인 부분을 더 많이 고려해야 객관적인 균형이 맞게 될 것입니다.
- 하루에 한 번 이상 자신을 칭찬합니다. 자기 칭찬은 마음을 너그럽게 하고, 세상에 대한 긴장감도 누그러뜨리게 할 수 있습니다.

📎 **체크 포인트**

휴식의 다섯 가지 기술

1. 자신이 몰입해 즐거움을 느낄 수 있는 활동을 하나 이상 알고 있습니다.
2. 휴식은 여름 휴가시즌에 몰아서 한 번이 아니라, 정기적이고 꾸준히 이루어져야 합니다.
3. 휴식을 향한 기대감도 휴식의 한 부분입니다. 충분히 기대합시다.
4. 즐길 수 있는 취미를 발견한다면 휴식은 좀 더 당신의 일상 속에 깊이 배일 수 있습니다.
5. 휴식은 목적을 달성하는 것이 아니라 그 과정을 즐기는 것입니다.

표현과 절제,
가끔은 자신을 드러내도 좋다

누군가와 의견이 다르다고 해도 의견을 주고받고 조율하는 과정에서 자연스럽게 나를 표현하게 되고, 표현의 기술도 연마할 수 있을 것입니다.

#. "친구와 대화를 하면 두 번 이상 말이 오고 가지 않고 저한테서 대화가 끊기는 편입니다. 친구가 좀 표현을 하라고 하는데 솔직히 말하면 뭘 얘기해야 하는 건지 잘 모르겠습니다. 상대방이 얘기하는 것도 다 일리가 있고, 굳이 싫은 것도 아니니까 그냥 하자는 대로 따르는 편이거든요.

물론 내가 원하는 게 있기는 하지만 친구가 원하는 것도 괜찮아요. 간혹 '내 생각을 얘기할까' 싶기도 하지만 친구가 반대 의견을 얘기하면 괜히 불편해질 수도 있고, 친구들 원하는 대로 따르는 게 저도 편하거든요. 그런데 친구들이 저를 좀 답답하게 보고 재미없어 하는 것 같아요. 표현을 하려면 어떻게 해야 할까요?"

이야기를 주도하기보다는 상대방이 하는 얘기를 듣는 것을 선호하는 사람들이 있습니다. 잘 들어주는 것은 매우 중요하지만 대화의 한 요소일 뿐 그것만으로 충분하지는 않습니다. 상대편 이야기를 경청하고 수용하는 것은 중요하지만 적당한 자기개방이 수반되어야 대화가 완성되고 친밀감이 더 깊어지게 됩니다.

무엇보다도 자신을 드러내는 것에 대해서 좀 더 편안하게 받아들이는 것이 필요합니다. 무엇을 얘기해야 하는지에 대해서 미리 판단하고 사전에 자기검열을 거치게 되면 경솔한 말을 할 위험은 줄어들고 신중하게 보일 수는 있지만, 자신을 드러낼 기회는 줄어듭니다.

사전검열이 완전하지 않더라도 대화과정을 통해서 자신이 전달하려던 바를 보완하고 수정해 나갈 수 있습니다. 나의 예상대로 전달이 안 되거나 상대방과 의견이 다르다고 해도 의견을 주고받고 조율하는 과정에서 자연스럽게 나를 표현하게 되고, 표현의 기술도 연마할 수 있을 것입니다.

듣기의 미덕, 절제의 미덕

1인 미디어 시대라고 합니다. SNS와 유튜브, 개인출판까지 각자의 생각과 감정을 표현하는 경로와 방식이 다양하게 증가했고, 표현하는 것이 쉬워졌습니다. 다양하고 쉬워진 만큼 여러 채널을 통해 자신을 표현하는 사람들이 많아졌지만, 한편에서는 여전히 자신을 드러내는 데 신중한 사람들이 있습니다.

의견과 감정을 자유롭게 표현하다 보면 의도하지 않은 갈등이나 오해가 종종 일어나게 됩니다. 예컨대 분위기를 좀 띄워보겠다고 사실을 과장해서 농담으로 던진 이야기가 어떤 사람에게는 자신을 조롱하는 것 같아 상처가 됩니다. 혹은 그저 있는 이야기를 정확하게 사실대로 전했는데, 그 정확함이 어떤 사람에게는 비판으로 받아들여질 수도 있습니다.

내가 말한 의도대로, 즉 내가 예상했던 대로 상대방에게 전달한다는 것은 사실 쉬운 일이 아닙니다. 이미 뱉은 말이, 이미 어딘가에 올려버린 글이 의도하지 않았던 오해와 갈등을 초래하기도 합니다. 이런 일을 피할 수 있는 가장 안전한 길은 아마도 표현하지 않는 것일 겁니다.

갈등이 생기고 말다툼을 하다가 "그래, 아예 말을 하지 말자"

라고 마음먹은 적이 누구나 한 번쯤 있을 것입니다. 아예 아무 표현도 하지 않으면 오해가 생길 단서도 없을 테니 말입니다. 하지만 정말 한 마디도 안 할 수는 없으니, 만일 표현을 해야 한다면 가급적이면 말을 아끼고 정제되고 절제된 방식으로 표현하는 것이 안전합니다.

그런 이유로 분위기를 관찰하고, 주변 사람들의 반응을 예상하고, 꼭 필요한 표현만 하는 것은 오해나 갈등을 만들 가능성을 줄입니다. 또한 표현하기에 앞서 심사숙고하고 주변을 고려하는 신중한 태도는 주변의 신뢰를 얻습니다.

상대방의 입장이나 여러 가지 주변 상황을 고려해서 표현을 정제하고 자기 표현에 신중한 사람을 흔히 속이 깊다거나 생각이 깊다고 합니다. 이런 긍정적인 결과는 표현을 절제하는 태도와 행동을 지속하게 만들고, 시간이 지나면 습관이 됩니다.

먼저 말하기보다는 상대방의 얘기를 들으려는 태도, 말하기 전에 주변 상황과 상대방의 입장을 고려해 적당한 단어를 선택하고 수위를 조절하려는 태도는 상대방에 대한 존중을 보여줍니다. 인간관계를 대하는 태도로 보자면, 참으로 이상적인 태도가 아닐 수 없습니다. 사실 우리가 인간관계에서 마음에 상처를 받고 스트레스가 누적되는 이유는 존중받지 못하기 때문입니다.

지위나 나이 등을 무기 삼아서 상대방의 입장을 고려하지 않은 채 감정을 담아 마구 말을 쏟아내고, 자신의 관점만을 주장하면서 상대방의 이야기를 들으려 하지 않는 사람이 곁에 있다면 괴롭습니다. 대인관계 스트레스로 상담을 찾는 사람들의 절반 이상은 상대방이 들으려고 하지 않고 제 입장만을 주장하는 과정에서 공격받는 것 같고 상처받았다고 얘기합니다.

사실 내 입장에서 보면 이유 없는 행동은 없습니다. 남들이 보기에는 부족해 보이는 모습이고 경솔한 행동처럼 보일지 모르지만, 그 사람 입장에서 보면 나름대로 다 이유가 있었을 것입니다. 따라서 그것을 설명하고 정당성을 주장하고 싶은 것은 당연한 마음입니다. 그러니 나를 이해시키고 주장하고 싶은 마음이 앞서는 것이 당연한 것인데, 이 마음을 뒤로 미루고 상대방의 이야기에 귀를 기울이며 절제해 표현하는 것은 미덕입니다.

절제는 항상 좋은가

가슴이 답답하고 감정조절이 잘 안 된다면서 찾아온 내담자가 있었습니다. 가슴 답답함에 대해서 가만히 따라가보니, 그가 팀장을 맡게 된 시기와 관련이 있었습니다. 30대 중반이지만 일찍이 능력을 인정받아서 다른 동료들보다 승진이 빨랐고, 중요한 프로젝트의 팀장을 맡았습니다.

인정을 받은 능력은 그의 업무에 관한 것이었지 팀을 이끄는 기술은 아닌지라, 그에게는 팀장 역할이 매우 어려웠습니다. 혼자 하는 일은 얼마든지 자신이 있는데, 상사로서 지시하고 부족한 부분을 지적하는 게 영 불편하다고 했습니다. 팀원도 나름대로 열심히 일을 한 것일 테니까, 그 입장을 고려해서 얘기를 하려니 얘기 한번 하는 데 고려할 부분이 너무 많고 에너지 역시 너무 많이 들었습니다. 그러다 보니 전달할 얘기를 정리할 시간이 충분하지 않을 때는 말을 못하고 그냥 본인이 일을 수정하게 되거나, 타이밍을 놓쳐서 일을 지연하게 되는 일도 종종 생기게 되었습니다.

업무효율을 높이기 위해서는 평소처럼 많은 것을 고려하느라 시간을 보내기보다는 바로 표현하는 게 더 필요하다는 것을 알겠는데, 부정적이고 직선적인 표현을 다듬다 보니 생각처럼 그것이 쉽지 않았습니다. 몸에 배인 익숙한 습관이라서 달리 해보려고 해도 머뭇거리다 말할 타이밍을 잡지 못하고 놓치곤 했습니다. 과감하게 표현을 하게 될 때도 있지만, 나중에 돌이켜 자꾸 떠오르고 자신의 모습을 잃어가는 것 같은 느낌이 들어서 기분이 썩 좋지 않았습니다.

새로운 역할을 맡고 평소 하기 않던 행동을 해보려고 노력하고 있기는 한데 새로 시도하는 행동이 잘 되지 않고, '그런 변화를 하는 것이 과연 올바른 것인가' 혼란스러웠던 셈이었습니다. 그런 시간을 몇 개월 지내고 보니 가슴이 답답하고, 가끔은 자신도 모르게 욱하고 화가 치밀어 오르기도 했습니다.

표현을 절제하고 다듬는 그의 습관은 그동안 사람들과 관계에서 긍정적인 결과를 얻었고 적응적이었지만, 팀장이라는 새로운 역할을 수행하는 데는 그 수준을 조절할 필요가 생긴 것입니다. 자신의 생각을 좀 더 적극적으로 표현하려는 시도는 새로 맡겨진 역할이 요구하는 것이었습니다. 그러나 적극적 주장과 직접적인 지적이 다른 사람을 공격하는 것 같이 느껴져서 마치 자신이 나쁜 사람이 되어가는 것처럼 생각되었습니다. 그러니 변화를 시도하는 것이 긍정적으로 받아들여지지 않았고, 자신을 그렇게 만든 상황에도 화가 쌓여 있었습니다. 해야 하는데 하기 싫은 과제를 눈앞에 두고 있는 것은 마음을 무척 지치게 합니다.

아내와 관계가 소원해져서 관계 회복을 원하는 남편이 있었습니다. 두 사람은 맞벌이 부부로, 남편은 가사와 육아를 적극적으로 함께하고 있었고, 아내와 의견차이가 있어도 다툼이 일어나는 것이 싫어서 거의 대부분 자신의 의견은 굽히고 아내의 의견을 수용해주는 편이었습니다.

그의 이야기로 미루어보면, 가정적이고 이해심이 깊은 남편이었습니다. 남편은 두 사람 사이에 갈등이나 다툼이 잦은 것이 아닌지라 관계가 소원해진 이유를 처음에는 이해하기 어려워했으나, 아내의 성격과 선호를 살펴보면서 둘 사이에 아무 일도 없는 것이 아내에겐 좀 다르게 받아들여질 수도 있다는 생각을 하게 되었습니다.

아내는 활발한 성격에 활동적이고 사람들과 어울리는 것을 좋아하는 편이라고 했습니다. 아마도 아내는 남편의 한결같음이 밋밋했을 수 있고, 자신의 의견에 수긍하는 것 외에 별다른 반응이 없는 남편과 함께 있는 것이 편안하기는 하나 지루하게 느껴졌을 수 있습니다. 그동안 맞벌이를 하며 아이를 키우다 보니 두 사람이 함께하는 취미나 여가 시간을 낼 틈이 없었는데, 이제 아이들이 자라서 육아에 쫓기던 생활에서 조금 시간과 마음에 여유가 생기다 보니 관계에 대한 불만이 쌓이고, 새로운 변화와 즐거움을 찾고자 하는 욕구가 생긴 셈이었습니다.

아내의 입장에서 두 사람의 관계를 돌이켜보던 남편은 "내가 뭔가 잘못한 걸까요?"라며 당황했습니다. 그가 잘못한 것은 없습니다. 직장에 다니면서 가사와 육아를 병행하는 것이 힘들 것이라는 점을 고려해서 가능하면 남자인 자신이 집안일을 더 많이 하려고 했고, 아내의 입장과 의견을 고려해서 한 발 물러서는 방식으로 충돌을 피해온, 성실하고 속 깊은 남편이라고 할 수 있었습니다. 다만 이제 자녀가 성장하면서 부부이자 부모 역할에 대한 연차가 쌓였으니 변화가 필요한 시기라고 할 수 있습니다.

너그럽고 수용적이며 필요한 표현만 하는 그의 모습은 직장에서는 여전히 바람직하고 존경받을 만하지만 아내와의 관계에서는 이제 변화가 필요했습니다. 자신의 감정과 생각을 좀 더 드러내서 관계에 변화와 활기를 만들어야 하는 것입니다. 그러기 위해서는 자신의 기분과 요구를 인식하는 것이 우선 필요했습니다. 내가 뭘 원하는지, 무엇을 좋아하고 싫어하는지 알려주는 것 등, 그동안 말하지 않아도 알 것이라고 묻어두었던 것들을 꺼내놓는 것이 필요한 셈입니다.

표현을 하다가 때로는 서로 다툼이 생길 수도 있지만, 그 다툼이 관계의 자극이 되어서 활기를 가져오기도 합니다. 갈등을 다루고 해결하는 방식이 문제인 것이지, 갈등 자체는 결코 문제가 아닙니다.

균형 찾아가기

절제와 신중함은 미덕이지만 항상 그런 것은 아닙니다. 상황이나 역할의 변화에 따라 동일한 행동이라고 해도 같은 효과를 보장하지 않습니다. 지금 주어진 상황이 어떠한지, 나에게 주어진 역할이 무엇인지를 파악한 후 그에 맞추어서 절제와 신중함의 정도는 조절되어야 합니다.

일반적으로 자신을 표현하는 것에 신중하고 절제하는 것을 중시하는 사람들을 보면 크게 두 가지에 신경을 많이 씁니다. 첫째는 정확한 표현을 하려고 노력합니다. 넘치지도 모자라지도 않게 상황과 대상에 딱 맞는 수준으로 표현하기 위해서는 미리 정보들을 살펴봐야 합니다. 필요한 정보를 탐색하고 관찰하고, 수집한 정보를 고려해서 판단해 실수하지 않는 것을 중요하게 여깁니다. 다시 말하면, 표현을 통해서 긍정적 결과를 추가하는 것보다 실수나 오류를 만들지 않는 데 더 중점을 두고 행동합니다. 정확함이 중요한 상황에서는 이런 태도는 필요한 태도이고, 주변의 인정도 받습니다. 하지만 상황에 따라서 정확한 표현보다 빠른 반응이 더 중요한 경우도 있습니다.

지나치게 신중해서 상황을 고려하지 않고 정확함을 고수하다가 능력을 제대로 인정받지 못하고 결과적으로 업무에 제대로 적응하지 못하는 경우를 종종 봅니다. 혼자서 여러 가지를 고려하느라 반응이 나오기까지 시간이 오래 걸려서 적응에 문제가 있는 분을 만나보면, 한 번의 실수는 치명적이라고 생각하는 경향이 있습니다.

실수나 오류가 수정불가능하고 치명적 결과를 가져온다고 생각하면 표현하는 데 부담은 매우 클 수밖에 없습니다. 혹시 정확하지 못한 부분이 있다고 하면 수정할 수 있다는 생각을 하는 것이 자신을 표현하는 데 편안하고 유연한 태도를 갖는 데에 도움이 될 수 있습니다.

둘째는 관계에서 부정적인 감정이나 갈등을 만들지 않으려고 노력합니다. 아무리 좋은 사람이라도 항상 좋은 말만 하고 살 수는 없으니 간혹 듣기 싫은 표현도 해야 합니다. 또 상대방이 기분 나쁠 것이라고 생각하지 못했는데, 개인적인 성향이나 입장에 따라서 나의 표현을 언짢게 받아들일 수도 있습니다. 그러니 부정적인 교류를 피하려면 살필 것이 많아집니다. 이 말을 지금 하는 것이 적절한지, 상대방이 어떻게 받아들일 것인지 고려하고, 어떻게 표현하는 것이 좋을까 싶어 말을 고르기도 합니다. 고려할 것이 많으니 시간이 소요되고, 그러다 보면 말을 해야 할 시기를 놓쳐서 할 말이 있었음에도 그냥 지나가버리기도 합니다.

갈등이 항상 나쁜 것은 아닙니다. 적당한 긴장감이 삶에 필요한 것처럼, 적당한 수준의 갈등은 서로에 대한 이해를 높여줍니다. 물론 표현이 많아지면 불필요한 이야기를 하기도 하고, 간혹 의도치 않게 상대방의 기분을 상하게 할 수도 있습니다. 그런데 갈등을 피하려고 표현을 많이 아끼고 다듬다 보면 기분 좋은 표현을 나눌 기회도 함께 줄어듭니다.

좋은 관계를 유지하기 위해 부정적 감정이 쌓이지 않는 것도 중요하고, 그만큼 긍정적 감정의 교류가 오고 가는 것도 중요합니다. 갈등을 무조건 피하는 것보다 솔직하게 그것을 인정하고 서로 이해하려고 하는 과정 자체가 관계에 도움이 됩니다.

 체크 포인트

나를 좀 더 표현하기

1. 실수의 위험을 과대평가하고 있는 것은 아닌지 돌아봅니다.
2. 정확성과 타이밍 중 무엇이 더 중요한 상황인지 살펴봅니다.
3. 소소하고 일상적인 주제부터 시작해봅니다.
4. 다른 사람들은 내 이야기를 나만큼 기억하지 않습니다.
5. 혹시 내 말에 기분이 상했다면 사과하면 됩니다.

계획에 따른 느긋함이
나를 지켜줄 것이다

계획은 그저 나아갈 방향에 대한 가이드일 뿐입니다. 나의 통제력을
위협하는 것들에 화를 내는 것은 어디에도 도움이 되지 않습니다.
계획은 세우되 통제에 대한 기대수준을 낮춥시다.

#. "저는 계획대로 일정을 관리하는 편입니다. 주변에서 강박적이라고 하는데, 그렇게 보일 수도 있죠. 하지만 전 이게 편합니다. 적어도 혼자 살 때는 그랬습니다. 결혼 후에 남편과 둘이 살 때도 남편이 살짝 피곤해하긴 했지만 서로 맞춰가면서 잘 지냈는데, 아이가 태어난 후에는 정말 힘듭니다. 예상대로 되어가지 않아요. 퇴근하고 어린이집에서 아이를 데리고 오면 저녁 먹이고 씻기고 재워야 하는데, 잠자는 시간이 들쑥날쑥인지라 저녁마다 아이와 전쟁 같은 밤을 보냅니다. 어릴 때부터 생활습관을 잘 길들여야 건강하게 크

는 거라서 지금부터 힘들더라도 규칙을 지켜야 할 것 같거든요. 그런데 아이가 울고 떼쓰면 남편은 왜 그렇게 빡빡하게 하냐고 좀 적당히 하자고 합니다. 제가 너무 빡빡한 걸까요?"

계획을 미리 세우고 그것에 따라 행동하면 생활이 안정적이고 효율적입니다. 미리 계획을 세워놓으면 필요한 것을 미리 준비하고 생각해놓은 대로 바로바로 움직여갈 수 있는 데다가 혹시 발생할 수 있는 문제도 예측해서 대비해놓을 수도 있습니다. 계획이 있으면 우왕좌왕하지 않고 목적을 향해 필요한 행동만 하면서 주어진 시간을 알차고 효율적으로 사용할 수 있습니다. 그래서 성공한 사람들은 미래를 계획하고 준비하라고 조언을 합니다.

그런데 그 계획을 운용할 때에는 생활 변수를 고려하지 않을 수 없습니다. 미래를 예상해서 계획을 세우지만, 예상과 다를 때가 있습니다. 학업이나 업무와 같이 성과장면에서는 상황이 여의치 않다고 계획을 수정하는 것은 나태한 것이라고, 의지를 가지고 계획을 준수해 일정 안에 목표를 달성하라고 합니다. 하지만 의지만으로 할 수 없는 상황들이 있습니다.

아마도 대표적인 것이 육아일 것 같습니다. 어릴 때부터 습관을 만들어주는 것은 중요하지요. 그런데 아이와 부모의 컨디션에 따라서 늘 하던 루틴을 지키지 못할 때가 종종 생깁니다. 그럼에도 불구하고 정해진 규칙을 고수하려고 하다 보면 아이를 지나치게 통제하게 되고, 자칫 정서적 발달에 좋지 않은 영향을 줄 수도 있을 것입니다.

목표한 지점에 가려는 가장 빠른 길을 찾아서 가더라도 도로 사정에 따라서 속도를 조절해야 합니다. 이와 마찬가지로 올바른 습관을 알려준다는 방향을 지키되 상황에 따라 그 속도는 조절하는 것이 필요하다는 것을 기억하면 좋겠습니다.

계획의 가치

성공한 사람들의 특징 중 하나는 시간관리를 잘하는 것입니다. 누구에게나 공평하게 주어진 자원인 시간을 어떻게 관리하는가에 따라서 성과에 도달하는 시점이 달라질 수 있습니다. 목표를 정하고 계획을 수립하는 사람이 그렇지 않은 사람에 비해서 성공할 확률이 높다고 합니다. 굳이 연구 결과를 살펴보지 않더라도, 미리 계획을 세우고 그것을 충실하게 지킨다면 시간을 허투루 사용하지 않을 테니 그렇지 않은 사람보다 성공하게 될 것이라는 것은 자명합니다.

그래서 우리는 어릴 때부터 계획을 세우는 것을 교육받습니다. 방학하면 방학 계획표를 세우고, 시험기간이 다가오면 공부 계획을 세웁니다. 중요한 일정이 있을수록, 해야 할 일이 많을수록 시간을 알차게 사용하는 것이 중요하니 미리 계획을 세우고 따르고자 합니다. 계획적인 태도는 성실함으로 인정받고, 예정된 일정 안에 목표를 이루게 될 가능성이 높고, 결과적으로 주변의 신뢰도 얻습니다. 긍정적 결과와 평판을 얻으면 그 행동은 지속적으로 유지됩니다.

교사인 수영씨는 중고등학교 학창시절에도 꼼꼼하고 성실한 편이었는데, 임용고시 준비를 하면서 계획적인 생활 습관이 더욱 몸에 배였습니다. 함께 공부하는 다른 친구들은 어떻게 그렇게 매일 똑같은 일상대로 사는지 답답하지 않느냐고 할 때에도, 수영씨는 같은 시간에 같은 곳에서 정해진 대로 지내는 것이 마음 편하고 좋았습니다. 친구들이 고시 준비가 체질인 것 같다며 부러움 반 놀림 반으로 얘기할 때, 사실 반박할 수가 없었습니다. 스스로 생각해도 빈틈없이 짜인 대로 지내는 생활이 마음이 편했기 때문입니다.

시험에 합격하고 교사 임용이 된 후에 교사로서 생활도 잘 맞

있습니다. 일반 기업을 다니는 친구들은 급작스러운 상사의 지시 때문에 스트레스를 받는다고 하는데, 수업 교안을 만들고 학사 일정에 따라서 지내는 수영씨의 직장생활은 삽삭스럽게 생기는 업무가 거의 없었습니다. 하루 일과, 한 달, 한 학기, 일 년 일정이 예측 가능하다는 점이 무엇보다도 좋았습니다. 친구들과 달리 일 찌감치 휴가 계획을 세워서 비용을 절감할 수도 있었습니다. 교사로서 본인의 만족도도 높았고, 성실하고 꼼꼼한 모습이 학교에 서도 좋은 평가를 받았습니다.

대기업의 부장인 영미씨는 회사에서 인정받는 사람이었습니다. 추진력이 강해서 과제가 주어지면 정해진 일정 안에 성과를 만들어냈고, 간혹 일정이 촉박하게 주어져도 필요한 작업의 우선순위를 정해서 약속한 시간을 지켜주었습니다.

영미씨가 전체적인 틀을 잡고 세부 일정을 세우면, 팀원들은 그에 맞춰서 체크하는 대로 따라가면 되는지라, 팀원들도 그의 리더십을 신뢰했습니다. 강하게 밀어부칠 때는 강압적이라는 반응도 있었지만, 그럴 수밖에 없는 상황임을 팀원들도 인지하는 지라 영미씨를 탓하기보다는 촉박한 업무 상황을 원망했고, 긴장 상황에서도 성과를 추진해가는 그녀의 능력을 믿고 "시키는 대로 하면 된다"는 반응이 더 많았습니다.

계획은 항상 좋은가

수영씨의 경우에는 본인의 방식이 흔들리기 시작한 건 결혼이었습니다. 결혼은 지금의 안정적인 생활을 함께하는 친구를 얻는 것이라고 생각했는데, 남편은 안정적 생활의 기본에 대한 기준이 수영씨와 달랐습니다. 수영씨에게는 생활의 기본이 되는 중요한 것들을 남편은 사소한 것들이라고 여겼습니다.

예를 들면 물건을 사용한 후에 제 자리에 가져다 놓는 것에서부터 부딪혔는데, 남편은 원래 있던 곳 근처에 가져다놓으면 된다고 생각했고, 수영씨는 정돈되어 있던 자리에 그대로 돌려놓으라는 식이었습니다.

남편은 소소한 것들에 너무 크게 화를 내는 아내를 이해하기 어려웠고, 수영씨는 당연히 지켜야 할 바를 따르지 않고 오히려 자신을 이상한 사람 취급하는 것에 화가 났습니다. 급기야 시장 봐온 물품을 정리하면서 남편이 식빵을 냉동실이 아닌 냉장실에 정리해 넣었다는 이유로 크게 다툰 후에, 누가 정신적으로 문제가 있는 건지 전문가를 만나 따져보자면서 상담센터를 찾았습니다.

서로 감정이 상했던 부분을 얘기하면서 남편은 아내의 정돈과 계획을 좋아하는 특성이 나쁘다고 생각하지 않았고, 오히려 아내의 그런 면을 좋아한다고 했습니다. 다만 아내가 기준과 다를 때 교무실에 불려간 문제 학생을 혼내는 것처럼 몰아붙이지만 않으면 좋겠다고 했습니다. 영미씨가 화내지 않고 남편에게 원하는 것을 얘기할 수 있으려면 내게 중요한 부분이 다른 사람에게는 그만큼 중요하지 않을 수도 있다는 것을 받아들일 수 있어야 합니다.

수영씨는 생활하는 데 가장 효율적이라고 생각되는 루틴을 정해놓고 그에 따르는 것이 편안한 사람입니다. 그동안 혼자 사는 생활도, 직업도 성격에 잘 맞았으니 그 생활방식은 점차 굳어졌고 다른 방향으로 생각할 이유가 없었습니다. 그런데 그 생활방식이 나에게 편안하다는 것이지, 절대적인 옳고 그름의 문제는 아닙니다.

결혼은 나와 다른 가치관을 만난 사람과 생활 공동체를 이루는 것입니다. 서로 다른 두 사람이 잘 지내려면 그동안 나에게 편안하고 효율적이었던 방식이 다른 사람에게는 그렇지 않을 수도 있다는 것을 인정하는 것이 필요합니다.

예컨대 깔끔하게 정돈되어 있지 않아도 불편하지 않은 사람도 있습니다. 깔끔하게 정돈하고 미리 생활을 계획하면서 지내는 것이 바람직하다는 데는 이견을 가지는 사람이 없지만, 그것이 얼마나 중요하게 여기는가에 대해서는 다를 수 있습니다.

수영씨는 정돈과 계획이 생활의 매우 중요한 근간이 되는 부분인데, 다른 사람에게는 필수적인 요소가 아닐 수도 있습니다. 결혼을 하면서 자신과 다른 방식을 받아들여야 하는 과제를 받은 셈입니다.

부장인 영미씨의 방식에 대한 도전은 아이였습니다. 열정적인 부장인 영미씨는 직장을 다니면서도 아이의 공부도 열의를 다해서 챙겼습니다. 전업맘 못지않게 여러 정보원을 통해 풍부한 학원 정보를 습득해서 인근에서 좋다고 소문난 학원을 보냈고, 공부 계획을 짜서 따르도록 했습니다. 바쁘게 일하는 틈틈이 아이에게 전화해서 위치를 확인하면서 학원에 제대로 다니도록 챙겼고, 숙제 분량을 확인하면서 매일 꾸준히 공부하도록 지도했습니다.

아이는 엄마의 계획대로 잘 따랐고 성적도 제법 우수했는데, 중학생이 되더니 엄마의 계획과 통제를 벗어나려고 하기 시작했습니다. 학원 갈 시간에 집에서 자고 있기도 하고, 허락 없이 학원을 빼먹더니, 어느 날엔 이제부터 엄마가 시키는 대로 하지 않겠다면서 모든 학원을 보이콧해버렸습니다.

영미씨는 나태해진 아들을 다시 일으켜야 한다고 생각했고,

평소보다 계획과 통제를 좀 더 촘촘하게 만들었습니다. 예를 들면 집에서 출발하라고 전화한 후에, 집에서 학원까지의 거리와 아들의 걸음속도를 고려해서 학원에 도착할 즈음 되면 도착했는지 확인했습니다. 아들은 더 엇나갔고 학원에 이어서 학교마저 더 이상 가지 않겠다고 하기 시작하자 혼자 힘으로는 아들을 이해할 수 없어서 상담센터를 찾았습니다.

부장인 영미씨가 아들을 돌보는 방식은 팀을 이끄는 방식과 다르지 않습니다. 프로젝트를 마무리하면 팀원들이 결국 내 방식이 옳았다는 것을 알게 되었던 것처럼, 아들도 엄마의 방식이 옳았다는 것을 알게 될 것이라고 믿고 있었습니다.

하지만 영미씨는 집에서는 부장님이 아니라 엄마이고, 모자관계는 업무성과가 주된 목적인 관계가 아닙니다. 정서적 교류와 지지, 이해와 공감이 기반이 되어야 하는 가족 관계이고, 게다가 아들은 엄마의 세심한 관심이 필요한 사춘기였습니다.

영미씨의 계획과 통제가 강압적으로 보인다고 해도 업무에서는 필요한 부분일 수 있습니다. 팀원들과 갈등이나 반감이 생길 수 있지만, 성과가 더 중요한 업무장면에서는 어느 정도 양해가 되는 것이 현실입니다. 하지만 지나친 계획과 통제로 인한 문제가 부모자녀 관계에서 일어났을 때는 동등하게 양해되는 것이 훨씬 더 어렵습니다. 업무와 달리 감정적 교류가 중요한 관계에서 일방적인 통제는 심리적 상처가 되기 때문입니다.

균형 찾아가기

계획과 정돈을 중시하는 것은 삶을 예측 가능하도록 꾸려가려는 욕구에서 비롯됩니다. 할 일과 상황을 고려해서 미리 계획을 세워놓는다는 것은 다음에 무엇을 할지 정해놓는 것입니다. 가능한 많은 것을 고려해 계획을 촘촘하게 세울수록 예측이 정확해질 수 있을 것입니다. 예측가능성을 높이려는 욕구를 좀 더 들여다보면 두 가지와 관련이 있습니다.

첫째는 효율성에 대한 추구입니다. 미리 많은 것을 예상하고 준비해놓으면 목적과 관련 없는 행위를 최소화해 허투루 시간을 쓰지 않고 효율적으로 활용할 수 있습니다. 빠른 시간 안에, 혹은 시간이 충분하지 않은 상황에서 목표를 이루는 것이 중요한 상황에서는 필요한 접근입니다. 그런데 만일 시간을 단축시키는 것이 중요하지 않은 상황이라면 어떨까요? 목적을 이루는 것보다 그 과정 자체에 의미가 있는 과제도 있지 않을까요?

예를 들면 여름휴가를 떠나 유명 관광지에 가서 이름난 명소를 보았다는 것만이 중요한 것은 아닙니다. 오고 가는 길에서 본 새로운 광경, 함께 간 사람과 나눈 이야기들, 혹은 일상을 떠난 그 자체에서 느껴지는 긴장의 이완 등도 휴가에서 얻는 중요한 즐거움입니다. 앞만 보고 돌진해서 유명한 명소 표지 앞에서 인증 사진 한 장 찍고 돌아서면 효율적이기는 하지만 휴가를 통해서 긴장을 풀고 기분전환을 하는 데 효과적이지는 않습니다.

인간관계도 마찬가지입니다. 자녀에게 학습지도를 하는 것이 중요한 과제이기는 해도, 그것이 부모자녀 관계의 목적은 아닙니다. 학업 관리만큼, 아니 어쩌면 그보다 더 자녀의 성격과 정서적인 발달이 중요하며, 그것들은 감정적 교류를 통해서 이루어집니다. 업무처럼 관계에서도 효율을 우선하게 되면 관계는 건조해지고, 친밀감이 쌓여갈 여백이 사라집니다.

둘째는 통제력을 유지하려는 마음입니다. 예측력을 높일수록 상황에 대한 통제감은 커집니다. 어떤 일이 일어날지 예상 가능하면 미리 준비해놓을 수 있으니 대응력도 커집니다. 무슨 일이 일어날지 알겠고 대비책도 가지고 있으니 마음이 놓이고 안심이 됩니다. 그런데 통제력을 가지려는 마음이 크면 혹시라도 돌발상황이 발생할 경우 스트레스를 크게 느낍니다. 계획을 지키지 않아 예상을 어그러뜨린 대상에게 화가 나는 것도 바로 그런 이유입니다. 그러니 돌발변수가 많은 상황에서도 통제력을 유지하겠다는 기대를 내려놓지 않으면 화낼 일이 많아집니다.

대표적인 상황은 아마도 육아일 것입니다. 자녀의 나이가 어릴수록 행동은 예측 가능하지 않습니다. 변화가 많은 업무 상황도 마찬가지입니다. 돌발변수가 많은 상황에서는 계획은 그저 나아갈 방향에 대한 가이드일 뿐, 세세한 사항은 예상대로 지켜지지 않을 가능성이 많습니다. 나의 통제력을 위협하는 것들에 화를 내는 것은 어디에도 도움이 되지 않습니다. 계획은 세우되 통제에 대한 기대수준을 낮추는 것이 적절합니다.

 체크 포인트

계획에서 여유를 찾기

1. 시간 효율성이 얼마나 중요한 상황인지 돌아봅니다.
2. 목적을 이루어가는 과정에서도 의미를 찾아봅니다.
3. 모든 변수를 다 통제할 수는 없습니다.
4. 여유시간을 계획에 포함시킵니다.
5. 계획은 가이드라인에 불과하며 돌발상황은 언제나 발생합니다.

유형별로 계획적 습관 만드는 법

지나친 계획으로 생활을 통제하려는 것은 상황에 따라 문제가 되지만, 일반적으로 볼 때 계획적인 습관을 유지하는 것은 바람 직합니다.

멋진 몸매를 만들어 보리라 결심하고 헬스센터 3개월권을 등록했는데, 일주일에 간신히 하루 가고 말았다면, 어떻게 반응하시나요? 만일, 작심삼일이 문제라면, 자신에게 해당되는 유형별로 계획적 습관을 만들어보세요.

포기형

아예 계획을 없던 것으로 삼아버리고 다시 시도하지 않는 사람들이 있습니다. "대충 할 거면 차라리 안 하는 것이 낫다"면서 언젠가 준비가 갖춰진 그날 보란 듯이 다시 시작할 것이라 다짐합니다.

하지만 모든 준비가 갖춰진 날은 예컨대 모임도 회식도 야근도 없이 운동만 할 수 있게 되는 날은 오지 않습니다. 완벽하지 않으면 다 부족하다고 생각하고 있지 않은지 돌이켜보세요.

반성형

자신이 계획을 지키지 못했던 원인을 분석하고 반성하는 사람들이 있습니다. 실패의 원인을 자신에게서 찾고 보완한다는 것은 성장과 발전에 바람직한 일입니다.

하지만 지나치게 자신에게서만 원인을 찾으려고 하면 심리적으로 위축되기 쉽고, 다시 시작하기 위한 활기를 떨어뜨릴 수 있습니다. 모임·회식·야근에 참석하면서도 하루라도 운동을 하려고 했던 당신의 노력에 대해서 긍정적인 평가를 하는 것이 다시 결심하는 데는 더 도움이 될 수 있습니다.

태평형

어쩔 수 없었지 하고 그냥 넘어가는 사람들은 계획한 대로 되지 않아도 크게 스트레스를 받지 않습니다. 그러다 보면 초기에 정한 목표를 잊고 계획 자체가 희미해질 수 있습니다.

정기적으로 계획달성 정도를 체크하는 것이 필요합니다. 이번 주는 얼마나 운동했는지 정기적으로 점검하려는 노력 자체가 계획과 목표를 리마인드시킵니다.

분노형

계획대로 되지 않을 때 욱하고 화를 내는 사람들이 있습니다. 헬스센터 등록비도 아깝고, 저녁마다 있었던 회식이나 야근도 화나고, 뿌리치지 못한 자신에게도 화가 납니다. 화나는 마음을 가라앉히기 위해서, 결과는 비록 원하던 바가 아니지만 그 과정을 살펴보면 그럴 수밖에 없었음을 인정하는 것이 필요합니다. 누구의 탓도 아니고 예상하지 못한 변수들이 일어나는 것이 세상입니다.

친절과 거리를 두면
일어나는 일들

분명 호의를 베풀었는데 뭔지 모르게 기분이 좋지 않을 때가 있습니다. 바로 이럴 때 친절과 거리두기의 균형에 대해서 점검해봐야 할 때입니다.

#. "선생님, 요즘 내가 못난 사람이 된 거 같아요. 전 도움이 되는 사람이고 싶고, 어려운 일을 보면 나서서 도우려고 하고, 혹시 부탁을 받으면 웬만하면 오케이 하는 편입니다. 학교 다닐 때도 필기노트나 공부 자료들을 선뜻 공유했고, 회사에서도 신입이 들어오면 세심하게 잘 알려주니 따르는 후배들도 꽤 있습니다. 나름 내가 좋은 사람이라는 자부심이 있었는데, 요즘은 동료들이 날 호구로 생각하는 거 아닌가 하는 생각이 듭니다. 내가 생각이 없어서 그냥 허허하고 받아주는 게 아닌데, 자기들이 하기 어렵거나 생색 안 나는

업무를 슬쩍 넘기려고 해요. 딱 거절하고 선을 긋자니 좀 매정한 것 같고, 모르는 척하고 받아주려고 하니 속에서 열불이 나서 화병이 날 거 같아요. 아내는 착한 사람 콤플렉스라도 있는 거냐고 좀 악은 사람이 되라고 합니다. 제가 잘못된 걸까요?"

좋은 사람이 되려는 마음은 잘못된 것이라고 할 수 없지요. 다만 지금 마음이 불편하다면 그 방법이 적절한지에 대해서 점검해보는 것이 좋을 것 같습니다.

우선, 모든 사람들과 동등하게 좋은 관계를 유지하려고 하는 것은 아닌지 살펴보면 좋겠습니다. 수고와 희생이 좀 따르더라도 친밀한 사람을 도와주고 싶은 마음이 드는 것은 당연합니다. 그런데 나에게 중요한 몇 사람이 아니라 주변 사람들에게 모두 호의를 베풀려고 하면, 나의 수고와 희생의 무게는 감당할 수 없을 만큼 커질 수 있습니다. 나의 한정된 에너지를 일률적이 아니라 선택적으로 집중하는 것이 필요합니다.

두 번째로 돌이켜볼 것은 항상 좋은 모습만 보여야 하고, 부정적인 표현을 하면 관계를 불편하게 만들지 않을까 염려하고 있지 않은가 하는 것입니다. 예컨대 부탁을 거절하면, 이전보다 관계가 껄끄러워질 수도 있습니다. 하지만 이를 피하려고 부탁을 받아들이면, 말씀한 대로 나의 몸과 마음의 에너지는 소진되는 것이지요. 이러한 경우, 좀 더 장기적인 관점에서 관계를 바라보는 것이 필요합니다. 한두 번의 거절이 당장은 서운할 수 있지만, 시간이 지나면 이해할 기회가 생깁니다.

친절은 칭찬받아야 할 바람직한 태도이지만, 그것이 내 마음을 힘들게 한다면 적정한 수준을 넘어선 것은 아닌지 고려해봐야 합니다. 주변의 대부분 사람과 항상 우호적인 관계를 유지해야 한다는 마음이 강한 것은 아닌지 탐색해보고, 자신과 내게 중요한 몇 사람에게 에너지를 집중하고, 그렇지 않은 사람들과는 적당한 거리두기를 할 수 있도록 해보기 바랍니다.

친절의 가치

친절은 우리가 갖추어야 할 덕목 중의 하나입니다. 친절이란 상대방의 입장을 배려하고 어려움에 관심을 두며, 기꺼이 상대방에게 도움이 되는 행동을 베푸는 것입니다. 자발적으로 상대방에게 도움이 되는 행동을 하는 것이니 이 사회를 유지하는 데 없어서는 안 되는 인간의 품성이라고 해도 과언이 아닙니다.

친절 행동을 가만히 들여다보면, 친절을 베풀기 위해서는 두 가지 능력이 필요합니다.

우선, 자신의 관점을 벗어나서 다른 사람의 입장을 이해할 수 있어야 합니다. 타인의 관점에서 생각할 줄 안다는 것은 자기중심적 사고에서 벗어나서 생각할 수 있다는 것을 의미합니다.

인지발달적으로 보면, 만 2세가 지나면 자기와 타인을 구분해서 생각할 줄 알게 되지만, 타인의 관점을 고려할 줄 안다는 것은 단지 인지적 성숙의 문제만은 아닙니다. 세 살이 훌쩍 넘은 성인이 된 후에도 자신의 관점만을 고집하는 경우를 흔히 보기 때문입니다.

이러한 인지적 성숙에 더해서 다른 사람의 문제에 대한 정서적인 공감능력도 필요합니다. 다른 사람의 입장과 어려움을 이해하고 공감해야 도움이 되는 행동이 무엇인지를 비로소 파악할 수 있습니다.

두 번째, 어떤 행동이 도움이 될지를 안다고 해도 그것을 항상 실제로 행동으로 옮기게 되지는 않습니다. 나의 수고로움과 그로 인해서 얻게 되는 보상 등에 대해 고려해서 자신에게도 이득이 된다고 판단할수록 그 행동을 할 가능성이 높아집니다. 우리가 친절한 사람이라고 칭찬하는 이유는 그 이득이 뚜렷하지 않거나 전혀 없음에도 불구하고, 때로는 본인의 희생이 있음에도 불구하고 타인을 위해서 기꺼이 도움행동을 베풀 경우입니다. 그런데 사실 물질적이거나 실질적인 것은 아니지만 이득, 즉 보상이 전혀 없는 것은 아닙니다. 친절한 행동을 한 후에 느끼는 상대방이 전해주는 감사와 주변의 인정과 칭찬, 그리고 스스로 좋은 일을 했다는 자부심이 보상이 됩니다. 어떤 경우에는 갈등이 일어나지 않고 우호적인 분위기를 유지하는 데 스스로 기여했다는 것도 만족감을 주기도 합니다. 친절하지 않은 사람들에 비해서 친절한 사람들에게는 이런 정서적인 보상들이 더 중요하고, 더 큰 의미를 지닐 수 있습니다.

철민씨 팀은 업무량이 많아서 야근이 잦기로 널리 알려진 부서인데, 그래서인지 동료애가 깊습니다. 본인 업무가 끝났다고 해도 먼저 퇴근하지 않고 일을 찾아서 도와줍니다. 모두 힘들다는 걸 아니까 가능하면 업무 이외의 부분에서 힘을 빼지 않도록 서로 기분 상하게 하는 행동이나 언사는 하지 않습니다. 이제 직장생활 2년차인 철민씨는 이 팀에서 일하면서 어떻게 동료를 배려하고 도와주어야 하는지, 그것이 얼마나 회사생활을 편안하게 하는지에 대해서 배우게 되었습니다.

철민씨는 원래 눈치가 빠른 편이라 다른 사람의 기분을 알아차리는 데는 능숙했습니다. 사실 다른 사람이 무엇을 원하는지 알아차려도 자칫 오지랖으로 보일 것 같아서 행동으로 옮기는 것이 조심스러웠는데, 지금 팀은 분위기가 좋으니 맘껏 나서서 행동하고 서로 고맙다고 하니 마음이 정말 편했습니다. 마음 편하게 적극적으로 일한 덕분인지, 팀장의 인정을 받아서 연말 평가도 좋았습니다.

영숙씨는 60대로 젊어서 짧은 직장생활을 한 후에 아이들을 낳은 후에는 전업주부로 살아왔습니다. 활동적이고 사람들하고 어울리는 것을 좋아해서 전업주부로 살면서도 늘 바빴습니다. 교회모임에서 주도적인 역할을 했고, 통반장도 여러 차례 해서 동네에서 영숙씨를 모르는 사람이 없을 정도였습니다. 맛있는 음식을 하면 주변 지인들에게 나누어주고, 누군가 어려운 일이 있다고 하면 도움이 되는 정보를 찾아서 알려주고, 필요하면 다른 지인을 연결해주기도 했습니다.

주변 사람들은 영숙씨의 따뜻함에 감사했고, 그녀의 인품을 칭찬했습니다. 남들 어려운 걸 보면 본인이 더 안타까워하는 그 마음이 그대로 전달되기 때문입니다.

철민씨와 영숙씨 모두 대인관계 감수성이 뛰어나서 다른 사람의 어려움과 문제를 파악하는 데에 기민합니다. 눈에 보이는 이득이 있는 것은 아니지만, 동료와 주변 지인들에게 도움을 베풀면서 주변과 관계가 돈독해지고 평판이 좋아지니 스스로 느끼는 보상은 충분했고, 그런 행동방식은 굳어졌습니다.

친절은 항상 좋은가

친절한 마음과 행동은 바람직하지만 그 마음이 상황에 따라서, 역할에 따라서 긍정적으로만 받아들여지는 것은 아닙니다. 철민씨와 영숙씨의 경우도 마찬가지입니다.

철민씨가 상담을 찾아온 것은 팀을 옮긴 이후입니다. 이전 팀에서 근무할 때는 업무량이 많아서 몸은 피곤했지만 마음은 편했는데, 지금은 업무량이 줄었는데도 몸과 마음이 다 피곤했습니다. 새로 이동한 팀의 분위기는 각자 자기 할 일만 하면 다른 사람의 업무에는 관심도 관여도 하지 않았습니다. 자신과 같은 업무를 하는 동료는 자신의 호의를 불편해하고 경계했습니다.

철민씨가 느끼기엔 분위기가 삭막했지만 팀원들은 문제라고 여기지 않았고, 처음 몇 달은 좀 힘들었지만 철민씨도 이전처럼 끈끈한 동료애 따위에 대한 기대는 포기했습니다. 그냥 자신의 업무만 충실히 하고 다른 사람한테는 관심을 두지 않기로 했는데, 한편으론 마음이 무겁고 자신이 문제인 건지, 이 사람들이 이상한 건지 혼란스럽기도 합니다.

나와 잘 맞는 팀도 있고, 그렇지 않은 팀도 있습니다. 나의 성향과 잘 맞으면 마음이 편하고 그래서 일도 잘 됩니다. 그렇지만 잘 맞지 않는다고 해서 내가 문제가 있는 것은 아닙니다. 단지 잘 맞지 않는 것일 뿐입니다.

철민씨가 이전에 일했던 팀은 업무가 힘들다 보니 사람들 간에 유대감이 강했습니다. 외부의 적이 있으면 내부의 연대감은 공고해지는 법이니, 서로 공감하고 지지해주는 것이 많은 업무를 버티는 데 힘이 되어준 셈입니다. 서로 도움을 주고받는 우호적인 분위기를 지향하는 철민씨에게는 딱 맞는 팀이었고, 자신이 편한대로 원하는 대로 행동하면 긍정적으로 평가되었습니다.

그렇지만 새로운 팀은 각 개인의 심리적 공간을 중시하는 분위기입니다. 적당한 거리를 두고, 서로 간섭하지 않으면서 각자 할 일을 하는 것이 암묵적인 규범으로 자리 잡혀 있는 곳이라, 이전과 동일한 행동은 긍정적으로 인식되지 않을 뿐 아니라 거부감을 나타내는 사람도 있습니다. 철민씨에게는 삭막하게 느껴지는 분위기가 어떤 사람에게는 편안하게 느껴지는 것입니다.

예전에는 팀원들과 도움을 주고받으면서 정서적인 지지를 얻었는데, 이제 허전해진 마음을 채울 다른 곳을 찾아보는 것이 필요합니다. 다행히 업무량이 많지 않아서 시간적 여유가 있으니 동호회를 찾아보거나 퇴근 후에 개인적인 취미활동을 찾아보는 것도 도움이 될 것입니다.

영숙씨의 익숙한 삶의 방식이 도전을 받은 것은 며느리와의 관계였습니다. 직장을 다니는 며느리를 배려해서 밑반찬을 비롯해서 집안 살림도 도와주려고 했는데, 며느리는 자신의 진심을 알아주지 않고 전혀 고마워하지 않는 것입니다. 일도 하고 살림도 하는 며느리가 얼마나 힘이 들까 안쓰러워 도와주려는 것인데, 며느리는 간섭하는 것으로 받아들이는 것 같았습니다.

아무래도 시어머니라서 불편할 것이라는 점이 이해가 가긴 하지만 남들도 고맙게 받아주는 호의를 가족이 받아주지 않는 것이 영 서운했습니다. 친구들은 자식이 결혼했으면 그냥 모르는 척 두는 게 좋은 시어머니 역할이라고 하는데, 마치 가족을 잃는 것 같아서 마음이 허전하고 울적했습니다. 이제 자신은 도움이 되지 않는 짐이 된 건가 하는 생각까지 이르니 예전처럼 지인들을 챙기는 것도 조심스럽고 위축이 되었습니다.

다른 사람에게 친절하고 정을 베푸는 영숙씨의 행동이 문제라고 할 수 없습니다. 그동안 그녀가 베푼 정으로 많은 사람들이 도움을 받았고 감사해했습니다. 다른 사람의 일을 마치 자신의 일인 양 안타까워하고 적극적으로 도와주니 칭찬과 감사를 받아 마땅한 일입니다. 그런데 개인의 성향이나 역할 관계에 따라서 '자신의 일인 것처럼 여기고' 친근하게 다가오는 거리가 부담스럽게 느껴질 수 있습니다. 어떤 사람은 적당한 거리를 유지하고 각자의 영역을 유지하는 것을 편안해하고, 관계의 특성에 따라서 적당한 거리를 두는 것이 호감을 유지하는 데 오히려 도움이 되기도 합니다.

지금까지 영숙씨가 만난 지인들은 가족이나 교회지인들로 자신과 비슷한 성향의 사람들이었던지라 정서적으로 가깝게 다가가는 것을 불편하게 여기거나 거리를 두고 싶어 하는 사람을 만난 적이 없었습니다. 하지만 며느리는 성향도 달랐고, 고부관계라는 특성상 시어머니의 친절을 간섭과 구분해서 받아들이는 것도 쉽지 않았습니다.

영숙씨는 시어머니로서는 그동안 익숙하게 여겨왔던 친밀감의 거리를 조정해야 합니다. 지금까지 '주변 사람과 이 정도는 가까워야 한다'고 생각했던 거리가 절대값이 아니라는 것을 인정해야 하는 것입니다.

균형 찾아가기

대부분 친절을 베풀고 나면 기분이 좋습니다. 상대방이 전하는 감사에도 기분이 좋아지고, 굳이 감사인사를 받지 않더라도 스스로 좋은 일을 했다는 점에서 뿌듯함을 느낍니다. 가까운 사람에게 도움을 주고 나면 그 사람으로부터 신뢰를 얻고 좀 더 가까워집니다.

그런데 분명 호의를 베풀었는데 기분이 좋지 않을 때가 있습니다. 바로 이럴 때 친절과 거리두기의 균형에 대해서 점검해봐야 할 때입니다.

균형점을 점검해봐야 할 첫 번째 상황은 상대방이 친절을 감사하게 여기지 않는 경우입니다. 말하자면 평소와 다르지 않게 상대를 배려하는 행동을 했는데, 상대방이 지나치게 부담스럽게 여기거나 간섭으로 받아들이는 경우입니다.

어떤 사람들은 반드시 필요한 것 이상으로 개인적 도움을 주고받는 것을 불편하게 느끼기도 합니다. 내가 다가가고 싶은 만큼 나와 가깝게 지내고 싶어하지 않는 사람도 있을 수 있습니다. 내가 원하는 것만큼 나와 친밀해지고 싶어하지 않는 사람도 있습니다. 일반적으로 볼 때, 내향적인 사람은 외향적인 사람에 비해서 다른 사람과 적당한 거리에 있을 때 편안하게 느끼고, 그 거리가 좁혀지는 데도 시간을 필요로 합니다. 특히 사적인 관계가 아니라 공적인 관계에서는 가깝게 다가오는 것이 부담스럽기 쉽습니다.

평소에 친절한 모습으로 인정과 지지를 얻는 것이 익숙해졌다면 이런 반응은 당황스러울 수밖에 없습니다. 거절당한 것 같아서 분노가 차오르기도 하고 위축되기도 합니다. 이런 상황에 놓인 내담자를 만나면, 종종 "내가 무엇을 잘못했는지 모르겠다" 혹은 "왜 나를 싫어하는지 모르겠다"라고 합니다. 잘못한 행동도 아니고, 좋고 싫음의 문제도 아닙니다. 개인적 성향 혹은 두 사람의 관계 특성에 따라서 편안하게 느끼는 심리적인 거리가 다른 것입니다.

약초가 사람의 체질에 따라 혹은 증상에 따라서 약이 되거나 독이 될 수 있는 것처럼, 친절은 바람직한 행동이지만 그 수준은 사람마다 상황마다 다를 수 있습니다. 나의 행동이 그릇되고 잘못되지 않았더라도 다르게 받아들여질 수 있다는 것을 인정하고 한 발 물러서는 것이 필요합니다.

두 번째 상황은 좋은 일을 했다는 뿌듯함만으로 버티기에는 지치고 힘든 경우입니다. 남을 챙기느라고 나를 제대로 챙기지 못할 때 이대로 해도 되는가 하는 혼란이 생깁니다. 학교에서 사회에서 우리는 '나보다 남을 우선하라'고 배웠습니다. 그 태도는 이상적이지만, 그것이 나를 지치게 하고 있다면 그 정도가 지나친 것일 수 있습니다.

어디까지 얼마나 남을 우선해야 하는가 하는 회의가 든다면, 나의 욕구와 입장에 대해서 진지하게 돌아봐야 할 때입니다. 나를 만만하게 보는 것이 아닌가, 호구로 보는 것이 아닌가 하는 마음이 든다면 남보다 우선 내 마음을 먼저 배려해야 한다는 신호입니다.

거리두기의 기술

관계와 이슈를 분리해서 생각한다

사람을 거절하는 것이 아니라 단지 그의 부탁을 받아들이지 않는 것입니다. 그의 의견에 동의하지 않는다면, 그 사람의 그 '의견'에 동의하지 않는 것입니다. 이처럼 관계 혹은 사람과 주제를 분리해서 생각하면 관계를 해칠 것이라는 불편감에서 벗어날 수 있습니다.

토론과 언쟁은 다르다

업무에서 토론은 더 나은 결과를 낳기 위해서 필요한 것입니다. "그게 아니라~(네 의견은 틀렸다)"보다는 "그렇기도 하고~(네 의견이 맞을 수도 있다)"를 사용하고, 지나간 문제보다는 미래의 해결책에 집중한다면 소비적인 언쟁이 아니라 생산적인 토론이 될 수 있습니다.

선택과 집중을 한다

선뜻 거리를 두지 못하는 이유는 모든 사람에게 호감을 얻고자 하는 욕구와 관련이 있습니다. 모든 사람에게 다 잘해주면 그들 모두 나를 좋아하게 될까요? 모든 사람에게 잘해 주기 위해서는 상당한 나의 노력이 필요할 뿐만 아니라, 노력을 기울인다고 하더라도 현실적으로 가능하지도 않습니다.

게다가 당신이 무차별적으로 호의를 베푼다면 관계증진 효과는 그리 크지 않습니다. 모든 사람의 부탁을 다 들어준다면 굳이 내 부탁을 들어준다고 해서 그 사람이 나와 더 친밀하다고 해석하지 않기 때문입니다. 세상 모든 사람들로부터 호감을 얻을 수는 없습니다. 진정으로 당신에게 중요한 관계에 집중해야 합니다.

자기반성과 인정이
나를 자유롭게 한다

성찰을 중시하는 사람은 보통 성장욕구가 높습니다. 오늘보다 나은 내일을 위해 지금 좀 힘들더라도 노력해야 한다고 생각합니다. 자기 반성으로 마음이 지친다면 쉬엄쉬엄 속도를 조절해야 할 때입니다.

#. "얼마 전에 제가 마무리한 업무에 실수가 있었다는 게 뒤늦게 발견됐어요. 옆자리 동료가 괜찮냐고 물어보는 순간 정신 차려 보니 계속 내가 그 생각을 하고 있다는 걸 깨달았습니다. 똑바로 하는 게 하나도 없구나, 넌 예전에도 그러더니 나아지지 않았구나 하고 꼬리에 꼬리를 물고 나를 비난하고 다그치고 있더라고요. 기분이 너무 처져서 힘들 정도라 그 생각을 그만하고 싶은데 어떻게 해야 하는지 모르겠습니다. 책과 인터넷을 찾아보니 스스로에게 괜찮다고 하라고 하는데, 실수가 괜찮다는 게 솔직히 이해가 되지 않습니

다. 괜찮다고 하면 개선되지 않고 발전이 없다고 생각합니다. 이 생각이 나를 힘들게 한다는 걸 알고 있지만 그만둘 수가 없습니다. 어떻게 하면 좋을까요?"

자신의 행동을 돌이켜보고 부족한 점을 찾아서 개선하려고 노력하는 분인 것 같습니다. 지난 행동을 성찰하고 반성하는 것은 자기발전에 도움이 되는 바람직한 습관이지만, 지나치게 비판적이 되면 오히려 자신을 해지게 됩니다.

한쪽으로 치우치지 않기 위해서, 실수를 돌이켜보는 만큼 잘했거나 적어도 문제가 되지 않은 부분도 함께 생각해보기 바랍니다. 지나고 보니 잘못되었음을 알게 되었지만, 업무를 할 당시에는 그만한 이유가 있었을 것입니다.

예를 들면 더 중요한 다른 부분에 주의를 두느라 놓친 것일 수도 있고, 그 부분을 지나쳐도 문제가 되지 않을 것이라고 판단했을 수도 있습니다. 실수라는 것을 인정하는 것처럼, 중요한 다른 부분은 처리했고 혹은 나름대로 생각해보려고 노력했다는 점도 인정하면서 균형을 맞추어보세요.

한쪽 방향으로 계속 생각하면 실제보다 부풀려지게 됩니다. 몸의 근육도 한 가지만 사용하면 자세가 틀어져서 건강을 해치는 것처럼 마음도 마찬가지입니다.

모든 행동에는 긍정과 부정적인 측면이 공존합니다. 개선과 발전에는 자기반성만큼 인정도 필요하다는 것을 기억하면 좋겠습니다.

자기반성의 가치

우리는 학교나 가정에서 부모와 선생님으로부터 지난 행동을 돌이켜보고 성찰하는 습관을 가지도록 교육받습니다. 자기성찰 습관을 기르는 학교에서의 대표적인 과제는 일기입니다. 일기는 방학과제 중에서 제일 큰 부분이었고, 요즘에는 학교 방학 숙제가 줄었다고 하는데도 일기는 여전히 남아있는 것으로 알고 있습니다.

일기의 전형적인 흐름은 오늘 있었던 일들을 돌이켜보고 느낀 점들을 적는 것입니다. 마지막에 반성과 개선사항으로 마무리하면 자기 성찰을 잘한 것으로 선생님의 칭찬을 듣습니다. 초등학생용 일기장에는 '오늘의 반성'을 적도록 하는 칸이 인쇄되어 있는 것도 있습니다. 초등학교 때 일기검사를 하면 선생님이 '참 잘

했어요' 도장을 찍어주거나 간단한 코멘트를 적는데, 반성과 개선안을 정리해두면 잘 쓴 일기로 칭찬을 듣고 별 다섯 개 도장을 얻습니다.

이런 과정을 반복하다 보면, 하루를 돌아보면서 기분이 좋았거나 만족스러웠던 점보다는 부족했거나 개선해야 할 부분을 중점적으로 탐색하도록 길들여집니다. 그러면서 점차로 우리는 하루를 돌이켜본다는 것이 반성거리를 찾는 것과 동등하게 받아들이게 됩니다.

사실 이런 습관은 우리가 살아가는 데 바람직합니다. 지난 행동 중에 잘못이나 부족함이 없는지 돌이켜보는 것은 개선하고 보완해야 할 방향을 알려줍니다. 과거로부터 배울 줄 아는 사람은 성장할 수 있고, 대부분의 성공한 사람은 이런 습관을 지니고 있습니다.

기훈씨도 그런 습관을 지닌 사람입니다. 남들이 부러워하는 명문대를 나와서 좋은 직장에 다니고 있는데, 학창 시절에는 성적 좋은 모범생이었고 직장에서도 능력을 인정받아서 우수한 고과를 받아 동기보다 빠르게 승진했습니다. 동기 중에서 눈에 띄고 튀다 보면 안 좋은 시선도 있을 법하지만 기훈씨는 평판도 좋습니다. 잘 나간다고 자신을 내세우지 않고 겸손하며, 자신의 부족한 부분을 먼저 찾으려고 하고, 칭찬보다는 비판의 소리에 더 귀를 기울이려고 노력하기 때문입니다.

자기반성의 습관은 자기 내부와 외부 모두에서 긍정적인 보상을 얻습니다. 우선 자신의 관점에서 보면 계발과 성장을 얻을 수 있습니다. 성찰과 반성을 거치면서 적극적으로 개선을 하면 어제보다 나은 오늘, 오늘보다 나은 내일을 만들어갈 수 있습니다. 부족한 부분을 찾아보는 것이 기분이 좋은 일은 아니지만, 그 결과로 더 좋은 모습이 된다는 것에 대해 스스로 보람과 뿌듯함을 느낄 수 있습니다. 게다가 주변으로부터 인정과 긍정적 평판을 얻을 수 있습니다. 예컨대 기훈씨처럼 자기반성과 성찰의 습관을 지닌 사람들은 학창시절이나 직장에서 모범적이고 겸손한 모습으로 긍정적인 평판을 얻습니다.

주변에 폐를 끼치는 일이 거의 없고, 혹시라도 의도치 않게 그런 측면이 있다면 다시 반복하지 않으려고 스스로 주의하니, 함께 일하는 사람 입장에서는 고마운 일입니다. 외부에서 지적하지 않아도 스스로 개선할 점을 찾아내고, 혹시 문제가 생기면 우선 자신 안에서 원인을 찾는 태도를 지녔다면 신뢰하지 않을 수 없습니다.

반성은 항상 좋은가

기훈씨 같은 모범생이 상담을 찾는 경우는 자기비판으로 스스로를 괴롭히고 있다는 것을 자각할 때입니다. 기훈씨가 상담을 찾은 것은 최근에 무기력하고 기분이 가라앉아서 업무가 제대로 되지 않는다고 느꼈기 때문입니다.

그는 새로운 팀으로 배치되어 기존에 익숙한 업무를 벗어나서 새로운 분야를 익히는 중이었습니다. 새로운 팀은 업무량이 많았고 세세하게 검토할 시간이 충분하지 않았습니다. 어떻게든 본인이 맡은 부분은 병목이 일어나지 않도록 처리해내고 있기는 한데, 시간이 지날수록 마음이 영 불편했습니다. 상사와 동료들은 이동해온지 얼마 지나지 않았는데도 그만하면 잘하고 있는 거라고 말해주는데, 그저 인사치레인 것 같고 다른 동료에 비하면 부족한 것 같습니다.

퇴근하면서 그날 처리했던 일을 돌이켜보면 찜찜하고, 다음날은 좀 더 깔끔하게 하리라 다짐하지만 막상 업무시간이 되면 그럴 여유를 찾을 수 없었습니다. 후회해도 나아지는 것 없이 매일 반복되다 보니, 자책감이 들고 주변의 긍정적 평가조차도 자신을 위로하려고 해주는 말인 것처럼 생각된다고 했습니다.

반성은 개선으로 이어질 때 보람이 있습니다. 부족한 부분을 찾아냈는데 이것을 개선하지 못하고 그냥 지내게 되면 마음은 무겁기만 합니다. 그런데 살다 보면 개선과 변화를 해야 한다는 것을 알지만, 개인의 의지만으로는 어려울 때가 있습니다. 예를 들면, 처리해야 할 다른 과제가 많아서 시간이 충분하지 않을 수도 있고, 나의 능력이 한계가 있을 수도 있고, 그 개선 방향과 기준이 이상적이라 도달하기 어려울 수도 있습니다. 상황, 나의 능력, 현실과 이상의 괴리 중 어떤 것이거나 공통적인 부분은 한계가 있다는 것을 인정해야 하는 것입니다.

기훈씨처럼 새로운 업무를 받아서 익히면서 동시에 많은 업무량을 처리해야 한다면, 숙련되기까지는 그 업무의 질은 이전만 못할 것이 당연합니다. 본인의 기준에 미치지 못하는 업무의 질을 인정하고 받아들여야 하는 상황에 놓이는 것입니다. 이전과 동일한 수준으로 수행을 감찰하고 개선하려고 하면 맡은 업무를 처리할 수가 없으니, 질에 대한 기준을 잠시 완화시켜야 합니다.

기훈씨는 지금 놓인 상황이 이전과 다르다는 것은 인정하지만, 기준을 완화시켜야 한다는 점에 대해서는 선뜻 받아들이지 못했습니다. 상황 탓이니 어쩔 수 없다고 하는 것은 자기합리화를 하는 것 같다며 마음에 걸린다고 했습니다. 자기합리화는 어쩔 수 없다고 상황 핑계를 대는 것이고 나태한 태도라는 것이었습니다.

그런데 자기합리화는 정말 나쁘기만 할까요? 자기합리화가 문제가 되는 경우는 자기 행동의 오류나 잘못된 부분에 대한 책임을 받아들이지 않으려고 할 때입니다. 지나치면 그저 현재에 안주하려 하고 발전에 도움이 되지 않겠지만, 자신을 지지해준다는 점에서 긍정적인 측면도 있습니다.

스스로를 인정하고 지지하는 것 없이 반성하고 비판하게 되면 마음은 피폐해집니다. 칭찬 한 번 없이 늘 혼내기만 하는 부모를 둔 아이를 생각해보세요. 아이 입장에서 설명하려고 하면 핑계대지 말라고, 그것은 너의 의지가 부족했기 때문이라고 한다면 아이는 무기력하고 우울해질 것입니다. 스스로를 비판하고 평가하는 것은 내 안에 엄격한 부모를 둔 것과 같습니다.

다시 말하면, 자기합리화를 통해 상황 탓을 하며 책임을 피하려는 것이 문제인 것처럼, 자기반성에만 몰입하는 것도 문제가 됩니다. 기훈씨는 업무에 적응하고 있는 상황을 고려하지 않고 이전과 동등한 기준으로 자신의 수행수준을 평가하다 보니 점차 위축되었습니다. 자신에게 지나치게 엄격한 잣대로 평가하면 스스로를 주눅들게 하고 있는 것입니다.

지나고 보면 아쉬움이 보이지만, 그때는 그럴 만한 이유가 있었다는 것을 적어도 나는 알고 있습니다. 그것을 스스로 인정해 주지 않으면 앞으로 나갈 힘을 얻기 어렵습니다. 특히 힘든 상황에 놓여 있을 때에는 위로가 필요합니다. 지치고 힘들 때 위로받을 수 있어야 다음으로 나갈 수 있는 힘을 얻게 됩니다. 타인의 위로와 지지만이 아니라 나 스스로의 인정도 필요합니다.

균형 찾아가기

성찰을 중시하는 사람은 보통 성장욕구가 높습니다. 오늘보다 나은 내일을 위해 지금 좀 힘들더라도 노력해야 한다고 생각합니다. 자기반성으로 마음이 지친다면 쉬엄쉬엄 속도를 조절해야 할 때입니다. '조금 힘들다고 해서 그만 두면 안 된다'는 생각으로 한쪽으로 나를 몰아가면 스스로를 지치게 하고, 너무 지치면 버티지 못할 수도 있습니다. 성찰과 반성과 함께 인정과 지지도 있어야 발전을 향한 노력은 지속 가능합니다. 자기반성의 습관이 익숙하다면 균형을 잃지 않도록 주의해야 합니다.

우선 자기 반성만큼 긍정적인 부분에 대한 탐색도 병행하도록 합니다. 특히 스트레스 상황에 놓여 있다면 긴장감을 낮추기 위해서 자기 인정을 통해 긍정적인 감정을 갖도록 하는 것이 필요합니다. 연구에 따르면, 사회적으로 성공한 사람들은 긍정정서를 부정정서보다 세 배 더 이상 경험한다고 합니다. 부족한 부분을 발견해서 낙담했다면, 긍정적인 측면도 세 배 정도는 찾아서 긍정적 기분으로 유지할 수 있는 것이 적응에 도움이 되는 것입니다.

자기를 인정할 부분을 찾아보라고 하면, 나를 칭찬하는 것에는 익숙하지 않습니다. 스스로 잘한 점을 찾기가 어렵다는 얘기를 가장 많이 합니다. 자기 인정은 잘한 점을 평가하는 것이 아닙니다. 결과에 관계없이 스스로 기울인 노력과 의지에 대해서 있는 그대로 인정해주는 것입니다.

둘째는 스스로 내 편이 되어주려고 합니다. 반성과 성찰의 습관에 익숙해지면 스스로에게 누구보다도 냉정하고 객관적이고자 합니다. 객관적인 관점과 평가가 훈련되어 있지만, 가끔은 아주 지극히 주관적인 입장에서 자신을 지지해주는 것도 필요합니다. 잘못하고 싶어서 실수하는 사람은 없습니다. 미처 깨닫지 못한 부분이 있었기 때문에 실수한 것이지, 미리 알았더라면 그랬을 리 없습니다.

평소 객관적 관점을 지향하는 사람들은 그건 좀 뻔뻔스러운 것 같다며 어색하다고들 합니다. 하지만 객관적인 평가로 낙담해서 위축되어 쓰러지는 것보다, 뻔뻔해 보일지라도 스스로에게 주는 당당함으로 마음의 균형을 잡고 일어서서 나아가는 것이 필요합니다.

체크 포인트

나를 향한 칭찬 - 하루에 한 가지씩
아래의 질문에 답을 적어봅니다

1. 오늘 나는 _____하느라 수고했습니다.
2. 오늘 나는 _____해서 좋았습니다.
3. 오늘 나는 _____하려고 노력했습니다.
4. 오늘 나는 _____점에서 대견합니다.
5. 오늘 _____해서 감사합니다.

민감과 둔감,
우리는 어느 쪽에 서야 하나?

민감함은 분명 적응에 도움이 됩니다. 그래서 '눈치 없다'거나 '둔하다'는 평가는 부정적인 의미로 사용됩니다. 하지만 '민감함'이 항상 도움이 되는 것은 아닙니다.

#. "저는 눈치가 빠르고 상황판단이 빠른 편입니다. 형제 중에 중간이고, 대가족 속에서 성장해서 그런 영향도 있는 것 같아요. 어디를 가도 분위기 파악을 잘해서 남들보다 빨리 적응할 수 있었습니다. 눈치 빠르고 예민한 점이 사회생활에 강점이라고 생각했는데, 요즘 이것 때문에 좀 힘듭니다. 요즘 실적저조로 팀 분위기가 안 좋아서 모두 신경이 날카로워져 있어요. 예전 같으면 그냥 넘어갈 일도 짜증을 내고 서로 부딪히는 일이 잦아졌는데, 그게 다 신경이 쓰입니다. 친구는 그러려니 하고 넘어가라고 하는데, 전 그게 잘 안 됩

니다. 내가 혹시 잘못 했나 해서 마음이 쪼그라들고, 그렇게 대응하는 동료한테 화가 나기도 하고, 이것저것 신경 쓰느라 스트레스를 너무 받고 있어요. 어떻게 해야 하나요?"

같은 자리에 있으면서도 어떤 사람은 많은 정보를 알아차리고 추론해냅니다. 직접적으로 설명을 해도 주변에 관심이 없거나 들으려고 하지 않는 사람이 많은 이 세상에서, 말하지 않아도 알아차릴 수 있는 것은 분명히 내가 가지고 있는 능력이고 재능입니다. 사람들의 요구와 기대를 파악할 수 있으니 그에 맞추기도 쉽고, 당연히 사회생활에서 도움이 되는 강점이 됩니다. 상황을 기민하게 인식하는 것은 강점인데, 굳이 타고난 재능을 내버릴 이유는 없을 것입니다.

다만 그에 맞추려고 하는 수준은 조정이 필요합니다. 예컨대 그들이 원하는 것이 무엇인지 짐작이 간다고 해서 내가 그것을 맞추어줄 필요는 없습니다. 눈치껏 파악한 상황이 나를 피곤하게 하는 이유는 내가 거기에 맞추어야 한다고 생각하기 때문입니다. 다른 사람의 요구에 맞추어주면 단기적으로는 갈등을 피할 수 있겠지만, 길게 보면 갈등이 전혀 없는 관계를 만든다는 것은 거의 불가능한 일입니다.

동료의 행동에서 이면의 의미를 파악했다고 해도 내가 관여할 바가 아닐 수 있습니다. 가치 있고 중요한 정보가 아니라면, 주변보다 자신에게 주의를 기울여서 내가 원하는 것에 좀 더 비중을 두도록 노력해보기 바랍니다.

환경에 대한 민감함의 가치

성장하면서 우리는 계속 새로운 환경을 만납니다. 예를 들면 어린이집을 시작으로 초등학교, 중학교, 고등학교 등 상급학교에 진학하고, 매년 새 학급을 배정받습니다. 졸업하면 취직을 해서 다시 직장 문화에 적응해야 하고, 결혼을 하면 새로운 가족 문화를 접합니다.

새로운 환경에 적응하기 위해서는 그 환경의 규칙을 이해하고 바람직한 행동방식을 습득합니다. 물론 그 행동방식을 얼마나 따르는가는 개인의 선택 문제이겠으나, 내가 속한 사회가 어떤 방식으로 돌아가고 무엇을 요구하는지를 신속하게 파악할수록 적응은 쉬워집니다.

그래서 주변을 잘 파악하는 사람들은 적응을 잘합니다. 눈치가 빠르다는 것은 보통 칭찬이고, 그렇지 않은 사람에 비해서 호감을 얻으며 긍정적인 평가를 얻습니다.

눈치가 빠르다는 것은 주변의 다양한 단서를 감지해내고 그것들의 관련성을 추론해서 의미를 도출해낸다는 것과 같습니다. 여기에는 도처에 널린 여러 정보 중에서 의미 있는 것과 그렇지 않은 것을 구분해낼 수 있어야 하고, 그렇게 걸러낸 정보들의 관련성을 의미 있게 연결 지을 수 있는 추론능력이 필요합니다.

직장에서 보자면, 굳이 하나씩 지시하지 않아도 무엇을 해야 할지 짐작하고 준비하고 있을 테니 일머리가 있는 사람으로 평가될 것입니다. 또한 상황의 전체적인 흐름을 인지하고 있으니 한 가지 지시만 받는다고 해도 스스로 다른 업무와 관련성을 파악해낼 수도 있습니다.

만일 연인 관계라면, 말하지 않았는데도 연인이 내가 무엇을 원하는지 어떤 기분인지를 알아차려주니 상대에 대한 호감은 더 올라갈 것입니다.

김대리는 주변과 소통이 잘 되지 않는다면서 상사에 의해서 상담이 의뢰되었습니다. 엔지니어인 그는 담당 업무에 필요한 전문지식은 충분히 가지고 있지만, 차안대를 한 경주마처럼 자신의 과제에만 집중하고 팀의 다른 업무에는 관심을 주지 않았습니다.

업무가 독립적이라면 그의 이런 방식은 문제가 될 것이 아니지만, 다른 팀원의 업무가 관련되어 있고 진행방향이나 속도에 있어서 서로 보조를 맞추어야 하는데 자신의 일에만 집중하는 그의 방식으로 팀 전체의 업무가 원활하게 돌아가지 않았습니다. 비록 전문성은 뛰어나지만, 전반적으로 조화를 이루지 못하니 혼자 다른 방향으로 작업을 진행하는 등 팀 전체 성과에는 도움이 되지 못하고 있었습니다.

그에게 필요한 것은 주변에 대한 관심입니다. 자신의 입무에만 집중되어 있는 관심을 다른 팀원의 업무내용과 방식, 나에 대한 기대와 반응 등으로 확장시키는 것이 필요합니다. '나는 내 일만 하면 된다'는 생각은 업무 적응에 도움이 되지 않습니다. 스스로 정한 기준에 맞게 일을 해내는 것도 중요하지만 그 결과가 팀에게 어떻게 작용하는지, 어떻게 평가되는지에 대해서 확인해야 전체적인 성과에 연결될 수 있습니다.

김대리가 주변에 조금 더 민감해진다면, 자신의 수행 결과가 어떻게 평가되는지에 대해 좀 더 주의를 기울이고 맞춰갈 수 있다면, 아마 그의 능력을 더 높게 인정받을 수 있을 것입니다.

민감과 둔감 사이에서의 선택

그것은 항상 도움이 되는가?

민감함은 분명 적응에 도움이 됩니다. 그래서 '눈치 없다'거나 '둔하다'는 평가는 부정적인 의미로 사용됩니다. 하지만 '민감함'이 항상 도움이 되는 것은 아닙니다.

우선, 부정적인 단서의 중요성을 과장해서 받아들인다면 민감함은 도움이 되지 않습니다. 민감한 사람은 더 많은 정보를 탐지해냅니다. 그 정보들에는 긍정적인 것도 부정적인 것들도 있는데, 그 중에서 부정적인 부분에 더 초점을 맞춰서 지각하게 되면 안정감이 흐트러집니다.

영식씨는 결혼을 원하지만 연애가 오래 지속되지 않았습니다. 혹시 자신의 성격에 문제가 있는 것이 아닌가 싶어서 심리평가를 받았습니다. 그는 사람들과 좋은 관계를 유지하는 것을 원하고 칭찬과 관심을 향한 욕구가 강한 사람이었습니다. 심리적으로 예민함도 지니고 있어서 상대방이 원하는 것을 파악하는 데 능숙했고, 그에 맞추어줌으로써 호감을 얻고 긍정적인 관계를 형성해올 수 있었습니다.

연애관계에서도 자상하고 섬세하게 상대를 챙겨주는 모습으로 호감을 얻어서 보통 연애를 시작하는 데는 어려움이 없었습니다. 그런데 관계가 발전되는 중에 상대방이 불만이 있는 것 같은 기색이 나타나면 바로 움츠러드는 경향이 있었습니다. 자신에 대한 애정이 식었다고 생각되니 연인의 행동들이 예사롭지 않게 보이고, 자신에 대한 마음을 확인하고 싶지만 다투게 될까봐 제대로 표현은 하지 못하고 속을 끓이다가 결국은 헤어지는 패턴이 반복되었습니다.

함께 하는 시간이 길어지다 보면, 새롭게 알게 되는 부분이 있고, 그 중에는 마음에 들지 않는 부분이 있기 마련입니다. 자연스러운 과정일 수 있는데, 영식씨는 그것을 과장해서 받아들이는 것입니다. 예민하게 받아들인 정보들을 부정적인 방향으로 해석하다 보니, 상대방에 대한 자신감을 잃고 관계에서 철수해버리게 되는 것이었습니다.

민감함이 도움이 되지 않는 또 다른 경우는 주변 단서들을 모두 자신과 관련지어서 추론하려고 하는 경우입니다. 주변 사람들의 행동이나 반응에 자신이 원인을 제공했거나 자신에게 향한 것이라고 생각하면 과민하게 반응할 수 있습니다.

영숙씨는 중요한 업무를 맡아서 그 일에 대한 부담으로 심리적으로 좀 날카로워져 있어서인지, 옆자리의 동료가 하는 행동들이 모두 자신과 관련된 게 아닌가 하는 생각이 듭니다. 그럴 리가 없다고 생각하면서도 키보드를 세게 두들기거나 의자를 확 뒤로 밀고 일어서는 등 거칠게 행동하면, 나한테 왜 저러나 하는 생각이 퍼뜩 듭니다.

함께 일하는 사람들의 그 날 컨디션과 기분을 짐작할 수 있는데 그것들이 모두 나와 관련 있을 리는 없습니다. 그들의 기분이 좋거나 좋지 않다고 해서 그것에 내가 미치는 영향력이 얼마나 되겠습니까. 예민함으로 인해서 많은 정보를 인지하는 것은 강점이지만, 그것이 나에게 중요한 수준을 가려내는 필터를 제대로 작동시키지 않으면 예민함은 득보다 독이 될 수도 있습니다.

균형과 조화 찾아가기

민감함이 긍정적으로 발휘되기 위해서는 몇 가지 조건이 필요합니다. 그 조건이 갖추어지지 않을 때, 민감함은 과민함이 되어 오히려 건강한 적응을 방해합니다.

우선, 긍정적인 관점을 유지하도록 노력합니다. 주변 사람들과 상황에 대해 수집한 정보들을 부정적인 방향으로 치우쳐서 해석하지 않도록 유의해야 합니다. 특히 스트레스가 누적되었거나 심리적으로 피곤해진 경우에는 긍정적인 관점을 유지하는 데 더 각별한 노력이 필요합니다.

부정적인 방향으로 해석하게 되면, 민감한 사람들은 걱정하고 염려할 일이 많아집니다. 걱정이 많아지면 불안하기 쉽고, 심리적인 안정감을 유지하지 못하면 자신이 지니고 있는 능력을 제대로 발휘하지 못하고 결과적으로는 업무 적응을 방해합니다.

둘째, 내 중심을 잃지 않으려고 노력합니다. 남이 원하는 것, 외부의 기대를 충족시켜서 인정을 받는 것도 중요하지만 나의 목표와 가치를 따르는 것이 더 중요합니다.

'남들이 어떻게 볼 것인가'에 치우치게 되면, 타인의 반응 하나에 일희일비하게 되어 행동이 일관적이지 못하게 될 뿐 아니라 자신감을 유지하기도 어려울 수 있습니다. 주변의 기대와 분위기를 파악하는 것은 남들이 원하는 것을 내가 맞춰주고자 하는 것이 아니라 내가 원하는 것을 효과적으로 이루기 위한 것이라는 사실을 기억하세요.

셋째, 수집한 정보를 거르는 필터를 두도록 합니다. 예민한 사람들은 많은 정보를 알아차립니다. 타고난 능력으로 혹은 몸에 배인 습관으로, 굳이 애쓰지 않아도 여러 가지 정보가 인식이 됩니다. 둔감한 사람에 비해서 훨씬 많은 정보를 수집하는데, 그것들 중에 자신에게 직접적으로 관련이 있거나 도움이 되는 것들을 골라내고 그렇지 않은 것들은 흘려보내는 것이 필요합니다.

모든 정보가 다 나에게 의미 있는 것일 리는 없습니다. 중요하지 않은 정보까지 관여하려다 보면, 에너지가 소모되고 정작 나에게 중요한 과제에 사용하지 못할 수 있습니다.

체크 포인트

균형 잡힌 민감함을 위해
실천해야 할 것들

1. 민감함은 더 많은 정보를 수집할 수 있게 하고, 이것을 어떻게 활용할지는 나의 선택입니다.
2. 수집한 정보에서 내게 중요하고 의미 있는 정보를 거르는 필터를 둡니다.
3. 정보를 부정적인 방향으로 치우쳐 해석하지 않도록 주의합니다.
4. 외부의 기준에 매여 나 자신의 만족과 가치를 잊지 않도록 유의합니다.

3장의 핵심 메시지

- 복잡한 업무 상황이 발생했을 때에도 감정을 배제하고 이성에 초점을 맞추는 것은 문제해결에 효율적입니다.

- 가족관계와 같이 상대방의 입장을 받아들이고 수용해야 하는 문제 상황이라면 객관적인 분석보다는 수용의 폭을 넓힐 수 있는 심리적인 지지와 이해가 도움이 될 것입니다.

- 기계라 할지라도 적당한 휴식시간을 주지 않으면 과부하가 걸립니다. 휴식은 기분을 전환하고 에너지를 충전시켜 다시 일에 몰입할 힘을 주는 필수적인 요소입니다.

- 에너지 충전에 도움이 되는 진정한 휴식이란 단지 아무것도 하지 않는 것이 아니라 즐거움을 얻을 수 있는 것을 말합니다. 다시 말하면 스트레스를 주는 활동을 안 하는 것이 아니라 즐거움을 느낄 수 있는 활동을 추구하는 것입니다.

- 나에게 맞는 휴식을 찾아가는 과정에도 연습이 필요합니다.

나는 무엇을 할 때 즐거움을 느끼는지, 무엇을 하고 싶었는지 돌이켜보면서 하나씩 시도해보세요.

● 우리는 나보다 남을 우선하라고 배웠습니다. 그 태도는 이상적이지만, 그것이 나를 지치게 하고 있다면 그 정도가 지나친 것일 수 있습니다.

● 자기 인정은 잘한 점을 평가하는 것이 아닙니다. 결과에 관계 없이 스스로 기울인 노력과 의지에 대해서 있는 그대로 인정해주는 것입니다.

● 남이 원하는 것, 외부의 기대를 충족시켜서 인정을 받는 것도 중요하지만 나의 목표와 가치를 따르는 것이 더 중요합니다.

● 예민함으로 인해서 많은 정보를 인지하는 것은 강점이지만, 그것이 나에게 중요한 수준을 가려내는 필터를 제대로 작동시키지 않으면 예민함은 득보다 독이 될 수도 있습니다.

───────── "선생님, 제가 이대로 괜찮은 건가요? 선생님은 사람들을 많이 만날 테니 제 얘기를 들어보시고, 이 정도면 괜찮게 지내고 있는 건지 한 번 판단해보세요"라고들 합니다. 세상에 더 힘든 사람도 있고, 더 큰 고민도 있으니 그 정도면 잘 살고 있는 거라고 얘기를 하면 잠시 위로가 됩니다. 지금을 견딜 수 있는 용기는 얻지만, 그렇다고 내 답답한 상황이 달라지는 것은 아닙니다.

그럼 어떻게 해야 할까요? 답은 내 안에 있습니다. 스스로를 믿고 자신이 해오던 방식에서 균형을 찾아가면서 상황에 맞는 나만의 솔루션을 찾아가는 것입니다.

4장

균형 맞추기,
"균형을
찾아가는 중입니다"

내 감정을 수용해
마음의 알람 감지하기

균형을 찾아가려면 우선 마음이 보내는 알람을 감지해야 합니다. 자신의 감정을 수용하는 것이 그 첫 걸음입니다. 부정적인 감정을 포함한 내 안의 다양한 감정을 받아들이면서 나에게 집중해보세요.

회사에서 성과를 내지 못하거나 리더십에 문제가 있다는 이유로 코칭을 의뢰받을 때가 있습니다. 언뜻 생각하면 다른 동료에 비해서 역량이 부족해서 문제가 있을 것 같지만, 반드시 그렇지는 않습니다.

입사 문턱을 넘어섰다는 것은 기본 역량에 대한 검증을 통과했다는 의미이니, 지니고 있는 지식이나 능력 면에서는 대부분 손색이 없습니다. 물론 능력의 한계에 부딪혀서 어느 지점에서 승진이 좌절되는 경우도 있을 것입니다. 그런데 대부분 코칭이 의뢰되는 사례는 충분한 능력이 있음에도 가지고 있는 능력이 실제 성과로 이어지지 못하는 경우들입니다.

능력이 충분함에도 불구하고 제대로 적용하지 못하는 주된 이유는 조직의 요구나 기대에 따라 유연하게 균형을 맞추어가지 못하기 때문입니다. 심리적으로 경직되고 굳어 있으면, 균형을 맞추기 위해 움직일 수 있는 마음의 폭이 좁습니다. 경직된 태도를 벗어나 주변과 자신에 마음을 열어두고 변화를 향해 기꺼이 움직여갈 때 균형을 찾아갈 수 있습니다.

균형을 찾아가기 위해서는 우선 마음이 보내는 알람을 감지해야 합니다. 자신의 감정을 수용하는 것이 그 첫 걸음입니다. 부적절한 행동은 있지만, 부적절한 감정은 없습니다. 부정적인 감정을 포함한 내 안의 다양한 감정을 받아들이면서 나에게 집중해 보세요.

환경의 변화에 빠르게 대응하기 위해서 애자일하게 조직을 구성하고, 애자일하게 운영할 것을 강조합니다. '애자일(agile)'의 사전적 의미는 '기민함, 민첩성'인데, 기업 경쟁력을 높이기 위해서 변화하는 환경에 빠르게 적응해야 함을 의미합니다.

변화를 파악하는 것은 조직 운영에서만 중요한 것은 아닙니다. 개인의 건강한 적응에도 변화를 파악해서 적응하는 것은 중요합니다. 하지만 일할 때 애자일한 업무자세 혹은 리더십을 강조하지만 정작 자신의 감정에 대해서는 기민하게 파악하지 못하는 경우를 종종 봅니다.

뛰어난 역량으로 성과를 이끌어내서 회사에서 핵심인력으로 인정받고 있는 임원을 만났습니다. 업무로 바쁘지만 평소 책도 많이 읽어서 리더십 관련된 지식도 풍부했습니다. 애자일에 대해 이야기하면서 최근 읽은 책에서 알게 되었다는 감정적 민첩성의 중요함에 대해서도 이야기했는데, 정작 그분이 코칭에 의뢰된 이유는 부하직원의 감정 관리에 소홀하기 때문이었습니다.

그의 능력은 모두 인정하지만 지나치게 성과 중심적이어서 본인 기준과 맞지 않으면 감정폭발과 폭언으로 직원들이 함께 일하기를 피하고 이직하고자 했습니다. 그분은 '감정적 민첩성'은 잘 알고 있지만, 정작 실제로 자신의 감정을 자각하는 데는 소홀했습니다.

경제 지표를 확인하고 사업 실적을 확인하는 데는 기민하지만 자신의 감정에 대해서는 깊게 자각하는 데는 소홀한 경우를 흔히 봅니다. 감정보다는 객관적인 사실이 중요하다고 생각하기 때문입니다. 정말 그럴까요?

객관적인 사실이 개인마다 영향을 주는 정도와 방식은 다릅니다. '그 환경을 어떻게 받아들이는가' 하는 것을 알려주는 것은 나의 감정입니다. 나의 감정을 애자일하게 인지할 수 있다면 환경의 객관적 의미와 함께 그것이 나에게 미치는 영향도 파악할 수 있습니다.

우리의 감정의 변화는 내 안에서 혹은 외부에서 어떤 변화가 일어났음을 알려주는 신호입니다. 변화를 인식하기 위해서는 우선 자신의 감정에 대해 인식할 수 있어야 합니다.

감정 판단하지 않기

감정의 자각을 가로막는 장애물 중 하나는 감정에 대한 판단입니다. 설레거나 불쾌하거나, 좋거나 나쁘거나 그때 느껴지는 나의 감정은 환경이 나에게 어떤 영향을 미치고 있는지를 알려주는 척도입니다. 그런데 이것을 충분히 자각하기 전에 그 감정이 좋은 것인지 나쁜 것인지, 혹은 내가 느껴도 될 만한 것인지 아닌지에 대해 판단하려고 하면 감정은 사라집니다.

자신의 감정에 대해 자각을 연습하려고 하면 어색해하는 경우가 많습니다. 나의 감정보다는 어떻게 해결해야 하는지를 빨리 아는 것이 더 중요하지 않는가 하고 반문합니다. 감정은 믿을 수 없고 문제를 해결하는 데 도움이 되지 않는다거나, 감정을 논하는 것은 약한 모습이라는 생각은 나의 감정을 자각하는 것을 막습니다.

지금 느끼는 감정이 적절한가를 지금까지 배워온 가치에 비추어 판단하려고 하면 마음이 보내는 알람을 듣기 어렵습니다. 교육을 통해서 우리는 해야 할 것과 하지 말아야 할 것, 올바른 것과 그렇지 않은 것에 대해서 살피는 것이 습관화되어 있습니다. 어떤 행동을 한 후에 어떤 상황에 대해서 그것의 옳고 그름을 판단하고 바람직한 것을 지향합니다. 하지만 당위를 향한 지향이 지나칠 경우에는 해야 할 것에 주의가 쏠려서 지금 내 마음이 내는 소리를 듣지 못합니다. 마음의 신호를 감지하기 위해서 내려놓아야 할 것은 '~해야 한다, ~이어야 한다'와 같은 당위적 생각입니다.

당위적 생각은 판단을 일으키고, 긴장감을 증가시키며, 시야를 좁게 만들어서 널리 살펴볼 수 없게 만듭니다. 그 생각을 내려놓으면 불필요한 긴장감이 완화되고, 나의 감정과 주변에 대한 좀 더 열린 태도를 가질 수 있습니다.

알람을 감지하기 위해서 당위에 매여 판단하지 않고 긴장감에 휘둘리지 않고 어떤 마음이거나 그 마음을 있는 그대로 인정해 보도록 연습해보세요. 스스로에게 '그럴 수 있다'라고 해봅니다. 그 마음을 이리저리 재고 평가할 필요도 없고, 과거로 돌아가 그 기원과 역사를 분석하고 깊이 파내려갈 필요도 없습니다.

마음이라고 하는 것이 평가하고 분석할수록 원래의 의미를 잃고 그에 매이게 만듭니다. 평가와 판단은 마음이 보내는 신호를 빨리 차단하고, 지나친 분석은 나를 예민하게 만듭니다.

부정적 감정을 외면하지 않기

불쾌하거나 편치 않은 마음을 부정하거나 억누르지 않아야 합니다. 편치 않은 마음을 자연스럽게 받아들여야 나와 주변을 돌아볼 시기를 알아차릴 수 있습니다.

#1. "아직 취업이 안 돼서 여전히 원서 넣는 친구도 있고, 회사처우가 마음에 안 든다며 들어간 지 얼마 되지 않아 이직을 알아보는 친구도 있어요. 난 직장에 잘 다니며 일상이 평온하고 아무 문제도 없는데, 내가 행복하지 않아도 되는 걸까요?"

#2. "옆자리 동료가 사고를 당했어요. 사람 일 모르는 거니 살다 보면 이런 일도 겪을 수 있는 거니까 남자가 대범하게 넘겨야 하는데, 마음이 좀 불안하네요. 이런 일로 걱정하는 건 내가 남자답지 못하고 나약하다는 거 아닐까요?"

#3. "이번에 영어 점수를 높여놔야 다음 승진심사에서 점수를 얻는데 점수가 모자라요. 충분히 노력하지 않았으니 이런 결과가 나온 건데, 속상해선 안 되죠. 속상해할 거면 더 열심히 했어야죠."

#4. "아침에 아이 데리고 같이 출근하려면 잠시도 지체할 틈이 없는데, 아이가 자꾸 늑장을 피워요. TV에서 보니까 같은 말을 여러 번 해도 화내지 말고 타일러야 한다는데, 두 번 말하고 나면 짜증이 팍 나고 화가 치밀어요. 난 엄마 자격이 없는 사람인 것 같아요. 엄마인데 아이한테 화가 나면 안 되는 거잖아요."

부정적 감정은 결코 잘못된 것이 아닙니다. 잘못된 것이 있다면 감정이 아니라 그것을 표현하는 방식입니다. 예를 들면 분노라는 감정 자체가 문제가 아니라, 분노를 표현하는 방식이 조절되지 않을 때 문제가 되는 것입니다. 분노와 같은 부정적인 감정은 특히 나와 환경의 관계에 대해서 중요한 정보를 알려줍니다.

다른 사람에게는 부러워할 상황이지만, 그 상황이 이미 익숙해진 나에게는 또 다른 목표가 필요할 수 있습니다. 불안, 좌절감, 분노 모두 나에게는 정당한 감정입니다. 내가 만든 결과라고 해도, 속상할 수 있고, 아무리 자녀를 사랑한다고 해도 엄마도 사람이니 화가 날 수 있습니다.

중요한 것은 그 감정을 어떻게 처리하고 표현하는가 하는 것이지, 감정 자체가 잘못된 것은 아닙니다. 감정을 회피하거나 눌러 없애려고 하면 균형을 맞추어야 한다는 알람을 인지하지 못합니다.

물속에 공을 억지로 넣으려고 하면 세게 튀어 오르는 것처럼, 생각이나 감정을 억지로 누르고 피하려고 할수록 다시 떠오르는 힘이 세어집니다. 심리학에서는 이를 '사고억제의 역설'이라고 합니다. 다이어트를 하겠다고 마음을 먹고 굶어야지 하면, 온종일 먹고 싶은 음식들이 떠오르는 것과 같습니다.

'그것'을 생각하지 않겠다고 마음먹는 것 역시 '그것'에 주의를 기울이는 것입니다. 받아들이지 않으려고 하면 할수록 더 커지고 강해져서 전체의 균형을 깨뜨리곤 합니다.

눈치가 빠르면 감정을 잘 알까요? - 나에게 집중하기

눈치가 빠른 사람은 주변의 상황 변화를 빨리 파악합니다. 다른 사람의 기분이나 분위기의 변화, 상황의 역동 등 미묘한 단서를 알아차리는 데 능숙한 사람에게 우리는 눈치가 참 빠르다고 합니다.

그런데 우리가 눈치가 빠르다고 하는 것은 외부 상황에 대한 파악에 집중해서 하는 평가이고, 정작 자신의 감정변화에 대해서는 둔감한 경우가 많습니다. 나를 보는 다른 사람의 평가, 주변 사람들의 관계 등 외부에서 일어나는 변화는 빠르게 파악하면서도 그것이 자신에게 미치는 영향, 내 기분, 내가 원하는 것에 대해서는 집중하지 않습니다. 외부에 자신을 맞추는 데 더 집중하고, 자신 안의 균형을 맞추는 데는 소홀합니다.

환경의 변화를 빠르게 감지한다고 해도, 그것이 주변에 미치는 영향을 파악하는 데 능숙하지, 자신에게 미친 영향을 알아차리는 데는 오히려 둔감합니다. 균형을 잡아가기 위해서는 환경이 나에게 미치는 영향을 인지해야 합니다.

감정을 자각하는 것은 주변에 맞추기 위한 것이 아니라, 환경과 나와 적절한 균형을 이루기 위한 것입니다. 그러니 외부에서 나를 어떻게 보는가가 중요한 만큼 내가 상황을 어떻게 받아들이고 있는가도 그만큼 중요합니다.

감정을 자각하는 것이 어색할 때 신체적인 변화를 자각하는 것을 시작해보는 것이 도움이 됩니다. 기분이 어떤지는 바로 얘기하기 어렵지만, 심장 박동이 조금 빨라진다거나 어깨가 아프다거나 얼굴이 붉어지는 느낌은 좀 더 쉽게 알아차릴 수 있습니다.

알람을 감지하기 위한 연습

환경과 나에게 고루 집중하기

균형이 깨진 것은 내 안에서의 변화일 수도 있고, 환경의 변화일 수도 있습니다. 변화를 파악하기 위해서 환경뿐만 아니라 자신에게도 고루 집중해야 합니다.

감정을 판단하지 않기

감정은 환경에 대한 나의 반응을 알려주는 신호입니다. 옳고 그름을 판단하지 않고 있는 그대로 인정합니다.

지나간 감정과 연결하지 않기

감정의 원인을 깊이 분석하고 과거의 다른 감정과 연결지어가면, 지금 현재에서 주는 의미는 변질되고 부풀려집니다.

부정적 감정을 외면하지 않기

부정적인 감정이 나쁜 것이 아니라 표현하고 조절하는 것이 중요한 것입니다. 외면하고 피하려고 할수록 알람의 의미를 이해하지 못할 수 있습니다.

감정에 휘둘리지 않기

감정의 주인은 나 자신입니다. 감정이 이끄는 대로 행동하는 것이 아니라 표현방식은 내가 선택하는 것입니다.

한계를 인정하고
수용하기

통제할 수 없는 부분을 인정하고 삶의 일부분으로 받아들이지 않으면 나에게 맞는 균형을 찾기 어렵습니다. 현실의 한계를 인정하고, 어쩔 수 없는 것들에 대한 통제욕구를 내려놓아보세요.

　세상에 우리 뜻대로 통제할 수 있는 것은 사실 그리 많지 않습니다. 열심히 공부한다고 해서 반드시 좋은 성적이 나오는 것이 아니고, 마음을 다해 사랑을 전한다고 해서 상대방이 그만큼 나를 사랑하리라는 보장도 없습니다. 때로는 내 마음도 내 뜻대로 되지 않을 때가 있으니, 세상을 통제하는 데는 얼마나 많은 한계가 있겠습니까. 그러니 통제력을 키우는 것이 아니라 한계를 인정하고 수용할 때 균형을 잡아가기 위한 유연함을 얻을 수 있습니다.

외국계 기업의 임원인 A씨는 아들의 학업 성적에 대해 기대가 높았지만, 자신의 뜻대로 되지 않아서 아들과의 갈등이 심했습니다. 자신과 남편 모두 소위 명문대를 나왔고 머리가 좋다는 얘기를 들으며 살았는데, 내 아들이 성적이 나쁘다는 것을 이해할 수 없었고, 이해하고 싶지도 않았습니다. 아들이 자신의 바람대로 움직이지 않는다는 것을 받아들이려고 하니 아들을 포기하는 것 같았습니다.

아들의 성적이 자신만큼 우수하기를 바라는 마음은 포기해야 하지만 아들을 모두 포기하는 것은 아닙니다. 그 마음을 내려놓아야 관계가 회복될 수 있고, 아들이 가지고 있는 다른 잠재력과 미래를 함께 찾아갈 수 있습니다.

통제력의 한계들

지금 상황을 인정해야 균형을 맞추어갈 수 있습니다. 인정하고 싶지 않다고 현실을 부인하는 것은 맞지 않는 균형을 붙들고 버티는 것입니다.

현실을 인정한다는 것은 대부분의 경우 한계를 인정한다는 것과 같습니다. 우리가 세상에서 통제할 수 있는 부분은 제한되어 있고, 우리의 능력에도 한계가 있습니다. 그에 비해서 바라는 기대는 한계가 없으니, 기대와 현실 사이에는 편차가 생기기 마련입니다.

사실 가만히 따져보면 세상에 내가 통제할 수 있는 것은 그리 많지 않습니다. 내가 바라는 것, 당면한 문제와 내가 가지고 있는 자원과 해결책들을 한 번 비교해보면, 원치 않고 피하고 싶은 문제들은 내가 가진 자원이나 방법을 가지고서는 해결할 수 없다는 것을 깨달을 수 있습니다.

우영씨는 시부모와 관계 때문에 명절과 가족생일 같은 정례행사가 다가오면 마음이 불안합니다. 남편과의 사이는 매우 좋지만, 시부모님은 이기적이고 괴팍한 분들입니다. 남편도 인연을 끊고 살겠다고 생각한 적도 있을 만큼 어린 시절부터 마음에 상처가 많습니다. 자식으로서 도리는 해야 한다는 의무감 때문에 인연을 끊지는 못했지만, 부모님은 여전히 크게 한 번씩 남편 속을 뒤집습니다.

대인관계 갈등에서 상대방을 변화시킨다는 것은 참으로 어려운 일이지만, 특히 부모와의 관계에서는 더욱 그렇습니다. 부모는 삶에 가장 많은 영향을 미치는 사람이지만, 그렇다고 해서 내가 선택한 관계가 아닙니다. 성인이 된 후에 부모가 가진 문제에 대해 객관적 시각을 가지게 되었다고 해도 자식으로서 부모를 변화시키기는 어렵고, 이제 노인이 되어 삶의 습관이 딱딱하게 굳어진 부모님에게 자발적인 변화의지를 끌어낸다는 것도 매우 어려운 일입니다.

신체적인 건강에 대해서도 우리는 한계를 가질 수밖에 없습니다. 주영씨의 사례를 봅시다.

주영씨는 몇 개월 전에 난치병 진단을 받았습니다. 입원과 외래로 치료를 받았고, 병가 중에 인터넷으로 병에 대해 공부해서 이제 반전문가가 되었습니다. 이 병은 약을 먹으면 증상이 조절되기는 하지만 평생 가지고 살아야 하는 것임을 알게 되었습니다. 지금은 출퇴근할 정도로 상태가 좋아졌지만, 병의 특성상 완치가 없고, 언제 재발할지 알 수가 없습니다. 매일 몸 상태를 확인하고, 조금이라도 피곤한 것 같으면 혹시 병이 도질까봐 신경이 곤두섭니다.

병은 예고 없이 찾아올 수 있고, 치료가 되는 경우도 있지만 그렇지 않은 경우도 많습니다. 갑자기 나타나 우리의 일상을 뒤바꿔놓은 코로나19처럼, 치료제가 나오지 않은 병은 아직도 많고, 우리가 통제하는 데는 한계가 있습니다.

가족과 환경에 대한 것뿐 아니라 나 자신에 대해서도 모든 것을 통제할 수 있는 것은 아닙니다. 그 중에서도 대표적인 것은 나의 능력입니다.

미대를 나온 선미씨는 그래픽 디자이너가 되고 싶었지만, 지금은 홍보팀에서 일하고 있습니다. 하지만 따로 시간을 내어 학원을 다니고 자신의 작품을 SNS에 올리면서 디자이너로서의 꿈에 계속 도전하고 있습니다.

그런데 같은 학원의 학생들의 작품 수준이 발전하는 것을 보고, SNS에 올린 작품의 '좋아요' 숫자와 피드백이 기대에 미치지 못해서 좌절스럽습니다. 좋게 생각해보려고 해도 자신은 정말 소질이 없는 것 같습니다. 하지만 디자이너가 되지 못한다는 것을 받아들이는 것이 너무 힘들고, 그게 아니면 자신은 아무 의미도 없는 것 같다고 생각됩니다.

타고난 능력의 수준과 재능의 종류는 다릅니다. 내가 잘하는 것과 하고 싶은 것은 같을 수도 있고 다를 수도 있습니다. 열심히 했지만 원하는 결과는 나오지 않을 수 있고, 잘하고 싶은데 능력이 따르지 않기도 합니다. 게다가 경쟁은 도처에 있고, 세상에는 나보다 똑똑하고 잘난 사람이 많습니다.

창조적 무망감 – 이제 시작이다

현실의 한계를 인정하고 어쩔 수 없음을 받아들이는 것은 고통스러운 일입니다. 희망이 없는 것 같고, 미래가 비관적이고, 자신이 초라하게 느껴지기도 합니다. 그래서 현실을 인정하지 않고 회피하거나 어떻게든 원하는 방향으로 바꾸려고 부여잡고 있으면 나에게 맞는 균형을 다시 찾기 어렵습니다.

내 힘으로 어쩔 수 없다는 것을 받아들이면 절망스럽지만, 거기에서 다시 시작할 수 있다면 절망은 끝이 아닐 수 있습니다. 한계를 인정하고, 내가 할 수 있는 부분에 집중하는 것입니다. 즉 환경을 바꿀 수는 없지만, 환경을 받아들이는 방식은 바꿀 수 있습니다.

시부모의 성격을 바꿀 수는 없지만, 시부모를 바꿔야 한다는 생각을 내려놓을 수는 있습니다. 난치병에서 완치될 수는 없지만, 아직 나타나지 않은 증상에 대해 미리 걱정하는 시간을 줄일 수는 있습니다.

통제할 수 없는 부분을 인정하고 삶의 일부분으로 받아들이지 않으면 나에게 맞는 균형을 찾기 어렵습니다. 현실의 한계를 인정하고 어쩔 수 없는 것들에 대해 통제욕구를 내려놓을 때 긴장이 완화되고 시야가 넓어지며, 내가 할 수 있는 부분들을 발견할 수 있습니다.

　최근 주목을 받고 있는 수용 전념치료에서는 이를 창조적 무망감이라고 하는데, 불필요한 통제욕구를 내려놓을 때 절망에 그치는 것이 아니라 삶의 목표와 가치를 향한 새로운 시작을 할 수 있다는 것입니다. 원치 않지만 함께 가야 하는 반갑지 않은 손님이지만, 그 안에서 내가 할 수 있는 부분을 발견해가는 것이 나를 위한 균형을 찾아가는 시작입니다.

나를 지키면서
균형 찾아가기

균형을 찾아가는 과정은 시행착오가 필요합니다. 이런저런 행동을
시도해보고, 스킬을 연습해보고, 수정해가면서 반복적으로 맞추어
가는 과정을 통해 새로운 습관이 되고 평정상태를 찾아갑니다.

자신의 한계를 미리 정해놓고 벽을 높게 세워놓으면 안 됩니다. 그러면 유연하게 균형을 맞추어 가기가 어렵습니다.

이상적으로 바라는 가치가 있고 그것을 지켜온 모습도 있으나, 여전히 삶은 진행형입니다. 현재 경험이 더해지면서 계속 변화하며, 새로운 기술의 습득은 나를 잃는 것이 아니라 나를 확장해가는 것입니다.

새로운 스킬 획득하기

"성격이 변하냐"는 질문을 종종 받습니다. 학창시절에는 소극적이었는데 직장생활을 하면서 외향적으로 변한 것 같다거나, 밖에서는 좋은 사람인데 집에서는 그렇지 않다는 이야기를 합니다. 예전에 없던 모습이나 행동을 하는 걸 보니, 내 성격이 혹은 가까운 사람의 성격이 변한 것 같다고 하는 것입니다. 상황에 따라 다른 모습이 나타나는 것에 대해서 다중인격인 것 같다고 말하는 경우도 봅니다.

그러나 사실 성격은 변하지 않습니다. 성격이란 지속적이고 일관적인 특성을 말하고, 그 개념상 성인이 되고 난 후에 변한다고 하기는 어렵습니다. 그럼에도 불구하고 다른 사람처럼 보이는 것은 맡겨진 역할에 따라 다른 행동을 보이기 때문입니다.

직장에 들어가더니 외향적으로 변했다고 하기보다는 사회생활에 적응하기 위해서 새로운 기술을 하나 획득했다고 하는 것이 적절합니다. 즉 원래 소수의 사람들과 어울리는 것을 선호했던 사람이지만, 다양한 사람들과 업무를 해야 하다 보니 낯선 사람과 친해지는 기술을 익힌 것입니다. 성장하면서 수행해야 하는 역할이 추가되고 그 역할에 적응하기 위해 새로운 기술들을 익히게 되면서 예전에는 하지 않았던 행동을 자주 할 수밖에 없게 되고, 필요할 때는 활용할 수 있는 기술들이 축적되는 것입니다. 게임실력이 늘어나면 스킬이 하나씩 쌓이듯이 말입니다.

세상에 모든 것이 그러하듯이, 비용 없이 얻을 수 있는 것은 없습니다. 새로운 스킬을 획득하기 위해서는 그만한 시간과 노력을 기울여야 합니다. 익숙함에서 벗어나려면 자동적으로 움직이는 습관화된 관성에 저항할 수 있는 힘이 필요합니다. 관성을 되돌릴 수 있는 힘은 반복적인 연습에서 나옵니다.

작심삼일이라는 말처럼, 많은 경우 새로운 행동을 시도해보겠다는 다짐은 며칠 안에 원래 익숙한 방식으로 회귀합니다. 거기에서 그냥 머무르지 않고 다시 시작하는 것이 필요합니다. 작심삼일이어도 일주일마다 결심을 반복하면, 새로운 기술은 점차 나의 습관이 되어갑니다.

내 안의 다양한 모습 인정하기

지민씨는 모든 사람에게 친절하고 우호적인 관계를 유지하려다 보니, 일이 몰리고 부당하게 대우받는 것 같아서 화가 났습니다. 짜증이 늘고 예민해지는 자신의 모습을 보면서 이렇게 계속 지내면 화병이 날 것 같았고, 작은 것부터 거절해보는 연습을 해보기로 했습니다. 평소 본인이 도맡아 하던 사무실 잡일을 여느 날처럼 자신에게 해달라고 하길래, 할 일이 많아 시간이 없다면서 거절을 했습니다. 처음엔 속이 시원했는데, 이러다 혹시 이기적인 사람이 되어버리면 어쩌나 싶습니다.

직선적이고 솔직한 표현으로 주변 사람들과 갈등이 잦은 성훈 씨는 좀 더 너그러운 사람이 되고 싶었습니다. 자기 기준과 맞지 않는 모습을 보더라도 비판하지 않기로 마음을 먹었습니다. 후배의 행동이 예의에 어긋나는 것 같았지만 표정관리를 하며 지적하지 않고 참았는데, 이건 나답지 않다는 생각이 듭니다.

균형을 찾아가기 위한 변화와 새로운 기술의 습득에 대해서 얘기하다 보면, 이건 내가 아닌 것 같다고 혼란스럽다고 하는 사례를 봅니다. 자신이 나쁜 사람이 되는 것 같다거나, 세상과 타협하는 것 같아서 자괴감이 든다는 경우도 있고, 솔직하게 행동하지 않는 것이 스스로가 위선자 같다고 하기도 합니다.

이전에 하지 않던 행동을 시도해보는 것은 어색하고, 이러다가 내가 지금까지 만들어온 모습을 잃는 것은 아닌가 염려할 수 있습니다. 그 염려는 자신에게 부여한 단일하고 좁은 한계와 규정에서 비롯됩니다.

예컨대 지민씨가 친절한 사람이 되고자 했고 그래서 지금까지 친절하게 행동했다고 해서, 지민씨가 그 행동 한 가지로만 이루어진 사람일 리는 없습니다. 지민씨 안에는 다른 여러 욕구가 있을 것이고, 추구하고 싶은 다른 가치가 있을 것입니다. 성훈씨는 솔직함을 가장 중요하게 생각했지만, 살다 보니 이제 사람들과 부딪히지 않고 포용적인 사람이 되고 싶기도 합니다. 두 마음 모두 성훈씨를 나타내는 것이고, 솔직함의 기준에 비추어서 맞지 않는다고 해서 내가 다른 사람이 되는 것은 아닙니다.

인생의 중요한 가치이자 추구하는 방향이라고 해도, 그것이 곧 나 자신은 아닙니다. 자신을 한 가지 개념으로 한정지어서 정해놓으면 그 개념 안에 스스로를 가두게 됩니다. '나는 이런 사람인데, 이렇게 행동해도 될까요?' 하는 검열은 자신을 틀 안에 가둡니다.

나의 한계를 정해놓으면 움직임의 폭이 좁으니 환경의 변화에 따라 움직여서 균형을 맞출 수 있는 여지도 좁아집니다. 이상적으로 바라는 가치도 있고, 그것을 지켜온 모습이 있으나, 아직 완성형이 아닙니다. 여전히 나는 살고 있고, 현재의 경험들을 통해서 확장되고 변화해갈 여지가 있습니다. 그 여지를 스스로 닫아버리면 균형을 찾아가는 것은 어렵습니다.

상황에 따라 맞추어가는 다양한 모습 모두 자신입니다. 다양한 모습들을 자신이 중요하게 여기고 추구하는 삶의 가치와 방향 안에서 의미를 찾고 확장해가는 것입니다.

'나는 이런 사람이어야 한다'고 아무도 내게 강요하지 않습니다. SNS 계정을 용도에 따라 여러 개 만들어서 관리하지만 그 계정 안에 있는 모습 모두 나의 삶인 것처럼, 게임에서 여러 가지의 본 캐릭터와 부 캐릭터가 있는 것처럼, 내 안에는 여러 모습이 있을 수 있습니다.

긍정 무게와 부정 무게의 균형 맞추기

균형을 찾아가는 과정은 시행착오가 반드시 필요합니다. 변화된 조건에 딱 맞는 균형점을 단 번에 찾을 수는 없습니다. 이런저런 행동을 시도해보고, 스킬을 연습해보고, 수정해가면서 반복적으로 맞추어가는 과정을 통해 새로운 습관이 되고 평정상태를 찾아갑니다.

꾸준히 도전하고 시도해보기 위해서는 균형을 찾아가고 있는 자신의 노력을 인정하고 긍정적으로 평가할 수 있어야 합니다. 새로운 시도는 만족스러운 결과가 나타나고 나에게 익숙해지기까지 시간이 걸립니다.

나를 좀 더 드러내기 위해서 회의에서 적극적으로 의견개진을 해보려고 하거나, 가족과의 관계를 회복하기 위해서 관심을 보이고 대화를 시도해보려고 하거나, 혹은 주어진 역할에 균형을 맞추기 위해서 이전에 하지 않던 행동을 시도해볼 때, 처음부터 성공적인 결과를 얻기는 어렵습니다. 결과는 기대했던 수준에 이르지 못하지만 그 행동을 시도하기 위해서 나는 의지를 가지고 노력을 기울였습니다. 그 과정에서 얻는 작은 변화와 만족감은 나만이 압니다.

그 작은 변화에 의미를 두고 긍정적 평가를 할 수 있을 때, 시행착오를 두려워하지 않고 반복해서 시도해볼 수 있습니다. 하지만 우리는 긍정보다는 비판적인 사고에 길들여져 있습니다. 특히 자신의 행동에 대해서 긍정적 관점보다는 비판적이고 엄격한 관점을 갖도록 교육받습니다.

긍정심리학자들의 연구에 따르면, 심리적으로 건강한 사람들은 긍정적 사고와 부정적 사고가 대체로 1.6 : 1.0의 비율을 이루고 있다고 합니다. 다시 말해 부정보다는 긍정적인 방향으로 조금 더 비중을 두어서 생각하는 것이 건강한 균형인 것입니다. 균형을 찾아가는 시도를 이어가기 위해서 엄격한 관점에서 벗어나서 긍정과 부정의 건강한 균형을 유지하는 것이 필요합니다.

나만의 균형을 찾아가는 중!

국수 명인은 그 날 날씨를 보면서, 습도와 햇볕의 강도를 보면서 말리는 시간과 반죽을 조절한다고 합니다. 날씨가 매일 달라지듯이 환경도 매일 바뀝니다. 변화는 예외적으로 일어나는 것이 아니라 항상 존재하는 것이므로, 균형점도 고정된 것이 아닙니다. 날씨에 따라 반죽의 배합을 다르게 하는 것처럼, 환경의 변화에 따라서 내 레시피를 조절해가는 유연함을 지녀야 마음의 평정과 행복에 이르는 균형을 유지할 수 있습니다.

개인의 성향과 가치관이 모두 다르니 같은 환경에 놓여 있다고 해도 균형점은 모두 다릅니다. 그런 점에서 다른 사람과 비교하는 것은 균형점을 찾는 데 의미가 없습니다. 곁에 있는 사람에게 마음의 평정을 주는 행동이 나에게도 그러한 것은 아닙니다. 다른 사람에게는 균형을 흔들지 않는 환경이 나에게는 불편하고 긴장감을 유발하기도 합니다.

주변보다는 내 안을 들여다보는 것이 중요합니다. 내가 삶에서 중요하게 생각하는 가치가 무엇인지, 지금 생의 주기에서 주어진 환경에서 무엇을 중요하게 생각하고 내 안의 욕구와 환경의 요구를 살펴봐야 나만의 균형점을 찾을 수 있습니다.

흔들리는 것은 20대나 40대나 연령에 관계없이 마찬가지입니다. 환경은 늘 변화하고, 내 안의 욕구도 변화하고 성장합니다. 그러니 균형은 깨지기 마련입니다. 어제와 같은 오늘이 없으므로 균형이 깨지는 것은 불가피하고, 삶은 끊임없이 균형을 찾아가는 과정입니다.

불균형은 문제가 아닙니다. 균형이 깨지는 것을 두려워하고, 이미 흐트러진 균형점에서 넘어지지 않으려고 버티려고 하는 것이 문제입니다. 불균형은 새로운 기술을 습득할 수 있는 기회이며, 우리를 성장하게 하는 동력입니다. 새로운 기술을 습득하고, 그것이 체화되면 우리는 좀 더 확장되며 성장할 수 있습니다.

4장의 핵심 메시지

● 부적절한 행동은 있지만, 부적절한 감정은 없습니다. 내 안의 다양한 감정을 받아들이면서 나에게 집중해보세요.

● 당위를 향한 지향이 지나칠 경우에는 해야 할 것에 주의가 쏠려서 지금 내 마음이 내는 소리를 듣지 못합니다. 마음의 신호를 감지하기 위해서 내려놓아야 할 것은 '~해야 한다, ~이어야 한다'와 같은 당위적 생각입니다.

● 어떤 마음이거나 그 마음을 있는 그대로 인정해보도록 연습해보세요. 스스로에게 '그럴 수 있다'라고 해봅시다. 그 마음을 이리저리 재고 평가할 필요도 없고, 과거로 돌아가 그 기원과 역사를 분석하고 깊이 파내려갈 필요도 없습니다.

● 감정을 자각하는 게 어색할 때 신체 변화를 자각하기 시작해보는 것이 도움이 됩니다. 기분이 어떤지는 바로 얘기하기 어렵지만, 심장 박동이 조금 빨라진다거나 어깨가 아프다거나 얼굴이 붉어지는 느낌은 좀 더 쉽게 알아차릴 수 있습니다.

- 내 힘으로 어쩔 수 없다는 것을 받아들이면 절망스럽지만, 거기에서 다시 시작할 수 있다면 절망은 끝이 아닐 수 있습니다. 한계를 인정하고, 내가 할 수 있는 부분에 집중하는 것입니다.

- 현실의 한계를 인정하고 어쩔 수 없는 것들에 대해 통제욕구를 내려놓을 때 긴장이 완화되고 시야가 넓어지며, 내가 할 수 있는 부분들을 발견할 수 있습니다.

- 새로운 스킬을 획득하기 위해서는 그만한 시간과 노력을 기울여야 합니다. 익숙함에서 벗어나려면 자동적으로 움직이는 습관화된 관성에 저항할 수 있는 힘이 필요합니다.

- 상황에 따라 맞추어가는 다양한 모습 모두 자신입니다. 다양한 모습들을 자신이 중요하게 여기고 추구하는 삶의 가치와 방향 안에서 의미를 찾고 확장해가는 것입니다.

● 꾸준히 도전하고 시도해보기 위해서는 균형을 찾아가고 있는 자신의 노력을 인정하고 긍정적으로 평가할 수 있어야 합니다.

● 주변보다는 내 안을 들여다보는 것이 중요합니다. 내가 삶에서 중요하게 생각하는 가치가 무엇인지, 지금 생의 주기에서 주어진 환경에서 무엇을 중요하게 생각하고 내 안의 욕구와 환경의 요구를 잘 살펴보아야 나만의 균형점을 찾을 수 있습니다.